国家图书馆善本掌故丛书

名家手稿暨革命文献善本掌故

陈红彦　主编

上海遠東出版社

图书在版编目（CIP）数据

名家手稿暨革命文献善本掌故 / 陈红彦主编. -- 上海：上海远东出版社, 2016
（国家图书馆善本掌故丛书）
ISBN 978-7-5476-1209-5

Ⅰ. ①名… Ⅱ. ①陈… Ⅲ. ①古籍—善本—中国
Ⅳ. ①G256.22

中国版本图书馆CIP数据核字(2016)第264915号

名家手稿暨革命文献善本掌故
国家图书馆善本掌故
陈红彦　主编
责任编辑：徐忠良　张　姣　　整体设计：品悦文化

出版：上海世纪出版股份有限公司远东出版社
地址：上海市徐汇区钦州南路81号
邮编：200235
网址：www.ydbook.com
发行：新华书店　上海远东出版社
　　　上海世纪出版股份公司发行中心
制版：杭州品悦文化艺术策划有限公司
印刷：浙江新华印刷技术有限公司
装订：浙江新华印刷技术有限公司

开本：787 × 1092　1/16　印张：15　字数：300千字
2017年1月第1版　2017年1月第1次印刷

ISBN 978-7-5476-1209-5/ G · 770
定价：88.00元

主　编

陈红彦

副主编

林世田　谢冬荣

编　委

李文洁　白鸿叶　卢芳玉　赵爱学　全桂花　孙　俊　黄　霞

本册执行主编

孙　俊　程天舒　黄　霞　吴　密

本册撰稿人

（按姓氏拼音排序）

曹菁菁　陈汉玉　蒋　毅　李　坚　李小文　刘　波　刘　明

彭福英　孙　俊　吴　密　张　杰　赵爱学　赵洁敏

从甲骨到名家手稿
——一场穿越千年的对话

陈红彦

中国，一个有着五千年历史的文明古国，在长期的生产与社会实践中，中华民族的祖先创造了光辉灿烂的文化，这些丰富的文化遗产不仅滋养着一代代的中华儿女，而且对全世界文明发展也有过积极、重要的影响。

在丰富多彩的文化遗产中，书籍文化无疑是其中最辉煌的一部分。

中国是善于运用典籍记述历史的国度，在造纸技术出现以前，古代中国人曾使用龟甲、兽骨、青铜、石料、竹木、砖瓦、缣帛等材料镌刻、铸造或书写文字，记录历史。造纸技术的发明、应用、推广，与被称为“文明之母”的印刷术更是传播了中华文化，并对世界文明的发展作出了最重要和最基本的贡献。

中华文明的传承是以世代积累的方式逐渐推进的，中华典籍厚载中国古代先哲的原创性智慧成果，虽说历史上屡遭政治动荡、兵燹水火之厄，但藏书、读书、爱书、护书的优良传统，使得迄今遗存下来的古代典籍，仍可谓浩如烟海。

海内庋藏中文图籍之富且珍者，首推中国国家图书馆。作为中国国家总书库，国家图书馆建馆106年来，皇家秘籍、民间珍藏、流沙劫余、考古出土，直至当代出版的书籍报刊，各类文献如涓流百川之汇大海，逐步形成了3200万余册馆藏的洋洋巨观。其中中外古籍善本和金石拓片、中外舆图、少数民族文献等特藏以其经典、宏富的面貌折射出华夏五千年文明的轨迹，映射出东西交融的历史，无疑代表着中国国家图书馆藏书的精华。

中国国家图书馆特藏古籍约300万册件，以甲骨、金石拓片、敦煌遗书、善本、普通古籍、名家手稿、革命文献、古旧舆图、少数民族文字古籍、西域文献、老照片、年画、外文善本等门类共同组成。这些珍贵的典籍一方面承袭南宋以来皇家珍藏，与南宋缉熙殿、元翰林国史院、明文渊阁、清翰林院及内阁大库等一脉相承，益之以新中国成立后中央政府向国家图书馆的多次调拨，成为国家图书馆藏珍贵典籍的基础；一方面来自历代藏家毕生积聚的慷慨捐让，瞿氏铁琴铜剑楼、傅氏双鉴楼、潘氏宝礼堂、周叔弢自庄严堪、常熟翁氏、涵芬楼等明清以来累世宝藏，著名的公私藏书，如百川归海，陆续入藏国家图书馆，形成国家图书馆珍贵典籍的丰富庋藏；再一方面是百年来国图人不遗余力的积极搜求，多方面的努力形成今天国家图书馆典籍的洋洋大观。这些负载着中华文明，凝聚着民族智慧，记录着中外文化历史交融的典籍，积聚在中国国家总书库，以一个不可分割的有机整体的形象，述说着一个个动人的故事，印证着文化作为人类共同语言的生生不息。

国家图书馆古籍馆同仁作为这些珍贵典籍的守护者，了解研究典籍，介绍传播典籍，揭示典籍恒久的魅力，传递典籍背后的故事，成为职业赋予的责任。

经过我们多年积累编辑而成的这套“善本掌故丛书”就是基于这样一个初衷，希望能让更多的同好了解古籍特藏，通过了解，热爱并共同保护传统文化，弘扬古籍中承载的民族精神。

根据古籍馆藏的类型，我们将以善本古籍、金石碑拓、敦煌西域民语外文善本、年画、古旧舆图、样式雷图档、名家手稿暨革命文献等组成善本特藏的一个系列，选取各类藏品中有特色者，以书籍、作者、版本、流传故事为主要内容加以介绍，使典籍从象牙塔走向民间，从深宫地库走向寻常百姓，让典籍里的故事活起来。

“善本”是指具有较高的历史文物性、学术资料性和艺术代表性的古代珍贵书籍。国家图书馆藏善本古籍30万册，继承了南宋以来历代皇家珍藏，以及明清以来众多名家私藏。在善本古籍卷中，作者以通俗的语言讲述司马光《资治通鉴》手稿，我国第一部纪传体通史《史记》的不同版本，堪称谱牒双璧的宋代皇族谱牒——宋内府抄本《仙源类谱》和《宗藩庆系录》，荣登世界记忆遗产的元胡氏古林书堂刻本《黄帝内经素问》，在中国印刷史上堪称里程碑的明万历程氏滋兰堂彩色套印本《程氏墨苑》，明崇祯“饾版”和“拱花”技术印制的《十竹斋画谱》《十竹斋笺谱》。也从宋代四大刻书中心的角度，选取浙刻“无上神品”世彩堂《韩柳集》、蜀刻唐人集零本、建刻绝品黄善夫本《史记》、江西周必大刻本，以及各个时期的写刻精品。其中还有不少是存世孤本。国图引以为豪的四大专藏除“敦煌遗书”另卷介绍外，《赵城金藏》《永乐大典》《四库全书》也在这里做了介绍。

公元前16世纪，黄河中游产生了一个叫“商”的国家，并出现了文字刻在甲骨上的情况，于是有了“甲骨文”。甲骨文不是最早的汉字，但具备了系统、成熟的特性，由此人们有了可以用文字记载的文明。商周时代的青铜铸造技术十分发达，许多传世和出土的青铜器造型生动，气魄宏伟，纹饰精致。古代青铜器上铸刻文字，记载事件，纪念祖先，表彰功德。西汉时期发明了纸。魏晋南北朝时期又发明了早期的文献迁移技术——传拓，这种技术将甲骨、金属、石头上的历史文献转移到纸上，方便流传。镂于金石，书于竹帛，金石文字成为中国书籍史的先河。国家图书馆藏金石文献年代上起殷商，下至当代，地域遍及全国34个省、市、自治区，拥有拓片、实物、书籍、画册15万余种，30万余件。在金石碑拓卷中，我们从馆藏35651片甲骨、约30万件金石拓片中撷取了重要而又颇具特色的藏品，推送给同好。甲骨中有著名的四方风，铜器中有大克鼎全形拓，石刻中则有曾经多少人顶礼膜拜的《曹全碑》《瘗鹤铭》《神策军碑》《绛帖》《道德经》等，还有超大的龙门洞药方，以及出自康熙宫廷画师之手的《百子团圆图》等，精美绝伦，令人叹为观止。

中国古代地图被称为“舆图”，“舆图”是国家疆土的象征，土地主权的凭证，具有神圣地位。周天子分封诸侯并赐封地地图，如有争执，“以图正之”。1977 年，在河北平山县三汲村出土了战国时期（前 475 —前 221）的《兆域图》，是中国现存最早的地图。舆图历史源远流长，融科学与艺术为一体，是自然和人文地理现象的图形再现。

国家图书馆藏中文古旧地图 8000 余种，无论是数量还是质量，均在海内外首屈一指。地理区划古地图、海洋地图、山川园林地图、交通地图、族姓地图应有尽有。地理区划古地图，大至世界地图、国家地图，小至省区、城市地图，反映了古人对所生存的地球、国家疆域的认识和历代区划沿革。一幅 7 米见方的清康熙绢地彩绘本《福建舆图》，是一件罕见的艺术珍品；《盛朝七省沿海图》等则见证了古人守疆卫土和对海洋的认识；《五台山圣境图》《长江名胜图》浓缩了祖国的大好河山；《自打箭炉至前后藏途程图》再现了古代地域间沟通交往情况。通过书中介绍的这些内涵丰富的各类地图，我们可以了解中国古代舆图的发展进程和中外交流的历史轨迹。

样式雷图档是指清代雷氏家族设计、绘制和写作的建筑图样与文字档册。雷氏家族自清康熙至清末的 200 余年间，共有 7 代 11 人主持皇家各类建筑工程。雷氏家族参与设计的建筑作品被列为世界文化遗产的有故宫、天坛、颐和园、避暑山庄、清东陵、清西陵等。这些建筑的图样成为珍贵的建筑史料。国家图书馆收藏的样式雷图档共计 14936 件，涵盖宫殿、坛庙、王公府第、衙署等内城建筑与三山五园等外城园苑建筑，以及陵寝、行宫和庆典点景、室内装饰等设计图样。这些图样和档案，展现了清代建筑工程从设计到施工的全过程以及清代建筑施工技术和管理体制，还反映了建筑设计思想的演变。从样式雷图档卷中介绍的《南海地盘样》《正阳门瓮城内关帝庙修缮做法图》《恭亲王府地盘画样》《东陵地势全图》等图档中，大家可以深入了解这些耳熟能详的名胜建筑背后的故事、中国的建筑思想以及古人天人合一的建筑设计智慧 。

中国年画最早以唐代新年时画“神荼、郁垒”于门户的形式出现，宋明时期逐渐于民间流行并形成规模，年画的题材和种类日臻多样，清代达到鼎盛。年画属民间美术范畴，民众把熟知和喜爱的历史佳话、传奇小说、遗闻轶事和新闻时事以及对生活的美好憧憬，通过年画呈现，创作者多是民间画工与匠人，其流传形式也与春节民俗密切相关。新春佳节前，百姓带着对来年生活的美好憧憬，制作、张贴年画，祈福迎祥。这些题材多样的传统年画，不仅反映了民间的自然崇拜、神灵信仰观念，更随着春节风俗的演变，形成了春节文化中重要的组成部分。现在中国多数地方依然保留着张贴年画的习俗，年画也成为民间美术、俗文化研究的重要对象。年画作为国家图书馆特藏品，藏量已达 2 万余张，涉及全国各个生产年画的重要地区，如河北武强、浙江地区、江苏扬州、陕西凤翔、山西临汾、山西绛州、北京地区等，更涉及著名的年画生产作坊，如河南朱仙镇、苏州桃花坞、天津杨柳青、山东杨家埠等。善本掌故年画卷中，我们撷取中国不同地域、不同题材各具特点的年画，希望能让更多的人了解年画的文化内涵。

国家图书馆善本特藏中有一类习称“新善本”的革命历史文献，内容系辛亥革命至中华人民共和国建立之前的书刊资料及名人手稿书札。其中已形成规模的有：辛亥革命及五四运动期间的进步书刊；马克思主义经典著作的早期译本；中国共产党成立前后的重要文献；抗日根据地及解放区出版物；国统区刊行的伪装本等，收藏数量达 1.2 万种，18000 余册。

新中国成立初期，首任馆长冯仲云十分重视革命文献征集工作，同时也开始了名人手稿的征集。数十载不间断的索求征集，加之著名人士或出版单位的无私捐赠，国家图书馆手稿专藏中拥有了鲁迅《从百草园到三味书屋》，吴晗名作《朱元璋传》，郭沫若五部历史名剧《屈原》《南冠草》《棠棣之花》《孔雀胆》《筑》，巴金《家》《春》《秋》，老舍《龙须沟》，左联作家柔石、殷夫和冯铿三位烈士的手稿，梁启超《饮冰室文稿》，詹天佑的毕业论文，徐志摩的《爱眉小札》等，加之马克思、恩格斯手稿，斯特朗手稿以及众多名人的日记、信札等，可谓星光灿烂。此次特精选一批红色手稿和革命文献组成一卷，和读者分享这类藏品背后的动人故事。

在这套丛书中，我们把国家图书馆藏的敦煌遗书、西域文献、少数民族文字古籍、外文善本掌故等合为一卷，希望大家从这简要的介绍中了解这些重要馆藏。

敦煌遗书是指 1900 年在甘肃敦煌莫高窟发现的 4—11 世纪多种文字的写本、印本和拓本文献，总数约 6 万件。其中 90%以上为佛教经典，其余为经、史、子、集四部书籍以及官私文书等文献，被誉为“中国中古时代的百科全书”。国家图书馆藏敦煌遗书有16579号，写卷长度居世界各大藏家之首，是世界收藏敦煌遗书最丰富的机构。学术界将敦煌遗书按时代分为魏晋南北朝时期写本、隋唐时期写本、吐蕃统治时期写本、归义军时期写本。馆藏敦煌遗书，涵盖四个阶段，时间跨度极大，内容亦十分丰富。我们着重选取介绍的有历史纪年的最早敦煌遗书——西凉建初十二年（416）写《律藏初分卷第三》；迄今留存为数不多的汉文摩尼教经典——《摩尼教经》，文学作品陆机《辩亡论》的最早版本，卷子上以雌黄涂改痕迹宣示着“信口雌黄”的来历，《博望坊巷女社规约》则记录敦煌地区女性私社的规章制度，侧面反映当地女性的社会地位。

西域文献是20世纪初西北考察活动中的又一大发现，具备与敦煌遗书、吐鲁番文书同等重要的学术价值，众多宝贵资料为学术界带来了新的课题与线索。

2005年以来，中国国家图书馆陆续征集入藏了六批新疆和田等地出土的文献，总计564号（有的1号内包含多件）。这些文献均产生于4—10世纪，相当于中原王朝的两晋至宋初时期，时间跨度很大。这些文献内容丰富、形态多样。从文种看，有汉文、于阗文、藏文、梵文、粟特文、焉耆-龟兹文、波斯文等，有的文献为双语书写，甚至还有多件于阗文-汉文对照文书，对西域古语言研究极富参考价值；从内容看，不仅有大量宗教文献，其中主要是佛教文献，也有四部典籍、官文书、书信等世俗文献；从载体形态角度看，包括木简、函牍、纸质文书、绢质文书、桦树皮文书等类型，带有封泥的书信与笔盒独具特色。书中介绍的于阗文陀罗尼咒是极具特色的中古时期文献，细长条卷子上于阗文从左到右自上而下书写，文中题跋表明其为于阗贵妇人所持护身符，卷起后小巧灵便，易随身携带，发挥着保护妇女儿童的功力；汉文《观世音菩萨劝攘灾经》是谶记类伪经，将中原本土的泰山信仰和印度传入的观世音信仰嫁接在一起，反映了古代民间信仰的杂糅混合状态。和田出土汉文《孝经》郑注，充分反映初盛唐时期该文献在西域的广泛流传，对于研究唐代经学史与西域历史文化有较高文献价值。这些文书，带着一份神秘色彩，宛如一扇窗户，让今天的人们可以一窥丝绸之路上古老文明的精彩画卷。

中国国家图书馆收藏的特藏类文献中还有多个民族文种文献，是中华民族文化的缩影。中国境内有民族古文字约 30 种，如佉卢文、粟特文、焉耆 - 龟兹文、古藏文、突厥文、回鹘文、契丹文、西夏文、傣文、东巴文等，都已有上千年的历史，产生了大量历史文献。作为记载和传承民族传统文化的重要载体，民族古籍是各民族历史的真实记录，是中华古代文化遗产宝库中的璀璨瑰宝，具有重要的文物、文献价值。北京版、那塘版和德格版多种版本的藏文《大藏经》，女真文书写上石的金代文献《奥屯良弼饯饮碑》，展现西夏时期皇家宫廷组织翻译佛经盛大画面的《译经图》，仍保留着回鹘式蒙古文部分特征的蒙古文《军律》，察合台文《纳瓦依诗集》，傣文《大藏经》，东巴文《创世经》，满文三十二体篆字《盛京赋》，林林总总。通过这些经典，可领会各民族灿烂厚重的文化积淀、祖国文化宝库的丰富多彩，亦可感受各民族团结融合的和谐氛围。

自意大利耶稣会士利玛窦到中国传教开始，以书籍为媒介的中西典籍与文化交流经历了一个漫长曲折的过程。那些见证中西文化交流的西文善本，以及各学科领域中重要著作的重要版本、重要汉学著作、反映新印刷技术和装帧方式的初版书恰是中国国家图书馆重要馆藏之一。中国国家图书馆藏外文善本特藏，目前已达 5 万余册，从《安哲罗全集》等早期摇篮本，到 1543 年巴塞尔初版医学史和自然科学史上具有划时代意义的巨作《论人体构造》，到哥白尼《天球运行论》、德里格音乐手稿、埃德温•丁格尔《辛亥革命目击记》等，许多是知名藏书机构和著名学者的外文专藏、名家手稿及部分近代公牍，特别是马克思、恩格斯的手稿，以及普意雅、穆麟德、郑振铎、袁同礼、梁启超、宋春舫、巴金等近现代名家专藏尤其令人关注。西方汉学典籍中对中国的研究以及文字和图像的记录，为相关专题研究提供了重要资料。

从三千多年前的甲骨，到近现代名家手稿，透过时光久远的各民族各文种的古籍，我们可以看到历史上中华民族的光荣与辉煌，也可以看到历史长河中各民族互相学习、相互融合、共同发展、共同创造的源远流长的中华民族古代文化，更看到同一个地球上不同种族的人们借文化交融带来的全社会的进步发展。海纳百川，有容乃大。博大精深的中华民族文化具有多元性，不同文化的交汇造就了中华民族、中华文化生生不息、绵延不绝的恒久动力，也让中华文明具有更加迷人的魅力。

前　　言

陈红彦

据档案显示，1939 年，国立北平图书馆在重庆的办事处成立了中日战争史料征辑会，征集抗日史料。副馆长袁同礼先生曾致专函给周恩来同志，请求协助抗日战争史料征集工作，得到了周恩来、林伯渠同志的热情支持，征得解放区出版的书刊若干种，并于同年与延安解放社、延安新华书店等中国共产党的新闻出版单位建立起经常性的书刊订购业务关系，按期购进《解放》《中华》《新华日报》《解放周刊》等出版物。

1946 年底，在以叶剑英同志为首的中共代表团被迫撤离北平前夕，国家图书馆曾向代表团征集革命文献，并派员前往驻地提取赠书。这是中国共产党早期出版的革命文献在我馆正式公开入藏的开端。

新中国成立初期，国家图书馆首任馆长冯仲云十分重视革命文献征集工作，采纳了善本部主任赵万里先生提出的三个入藏条件，即具有思想性、历史性和艺术性，或居其一择选，但要着重在稀有罕见上。经几代工作人员的努力，在革命文献中有了《共产党宣言》的第一个中文全译本、珍贵的新四军作战命令、中国共产党的第一份中央机关报——《向导》周报、毛泽东《在延安文艺座谈会上的讲话》最早单行本、周恩来主编的《觉悟》和《警厅拘留记》、《论持久战》最早版本、新文化运动的号角——《新青年》等等这些人们对内容耳熟能详却未能亲眼见到的早期文献实物的收藏。

今天我们撰写了部分革命文献和名家手稿的馆藏故事，希望读者和我们一起从革命文献中体会中国共产党和中华人民共和国建立过程中的艰难与辉煌，从名家手稿中感受名家创作时的心路历程，感受他们的脉动，体味他们的喜怒哀乐，这也是在感觉中国深刻的精神潜流，认识我们的国家和民族引为骄傲的历史见证。

目　录

革命文献掌故

名家手稿掌故

《绍英日记》中的清末民初史事

刘　波

清末民初是我国历史上大变革、大动荡的一个历史阶段，也是中华民族命运的大转折时期。借助近年来逐渐进入人们视野的各类文献，更可以让我们看到处在历史紧要关头的人们的生活经历、所见所思以及切身感受，从而增进对历史的理解与体会，更真切地从波澜壮阔的大事件中感受历史的脉搏。2011 年入藏国家图书馆名家手稿文库的晚清遗老绍英的日记，是其中重要而饶有趣味的一种。

绍英（1861—1925），满洲镶黄旗人，马佳氏，字越千。初以荫生资格任职于工程处。义和团运动及八国联军侵华前后，任职于步军统领衙门，办理警政。光绪二十八年（1902）任京师大学堂提调，次年授商部左参议，不久升任右丞。光绪三十一年（1905）奉派与载泽、端方等大臣出洋考察宪政，临行遇刺，未能成行。后署理商部左臣，擢任户部右侍郎、度支部左侍郎。宣统三年（1911）七月，署度支部大臣。清帝退位后，在溥仪小朝廷中任总管内务府大臣。绍英政治态度平和，为官清廉，处事谨慎，勤奋好学，溥仪称其“恭顺”，是“出名的胆小怕事的人”。绍英毕生留下日记40册，现存33册，因其长期位居清廷核心，亲身经历了晚清皇族内阁、五大臣出洋、清帝退位、张勋复辟等重大历史事件，日记中对清末史事多有详细记述。

庚子事变前后，绍英任职于工程处与步军统领衙门，他的日记中对八国联军在北京的暴行有简略的记载。如《光绪庚子年避难日记》七月廿三日条记载：“阖家在西北小院暂避，日本兵八名来搜，索银表等物而去。”满族亲贵绍英的家宅尚且遭到日本军队的搜查与抢劫，可以想见其他民居市肆所受的惊扰、劫掠与破坏。绍英日记关于庚子事变的记载，虽不够系统，不过作者身份特殊，所记皆为亲身经历，即便是一鳞半爪，也不失为有价值的史料。

义和团运动后到辛亥革命的十年间，清政府为了化解严重的统治危机，推行了一系列“新政”。1905年，清廷派遣载泽、戴鸿慈、徐世昌、端方、绍英等五位大臣出洋考察宪政。9月24日上午，五大臣率随员抵达北京正阳门车站准备起程。革命党人吴樾携带炸弹登车行刺，吴樾当场死难，载泽、绍英受伤，出洋计划也随之搁浅。10月26日，清廷改派顺天府丞李盛铎、山东布政使尚其亨顶替徐世昌、绍英，仍分两路出洋。绍英日记的第12册，名为“出使日记”，记载了1905年奉派出洋、行前准备、会见各国使节、遇刺辍行的经历。

在《兢业斋日记》中，绍英对张勋复辟的经过有详细记载。透过日记，清廷遗老对于复辟的欣喜之情，由此可见一斑。但绍英毕竟阅历丰富，深知复辟并非易事，因此告诫自己“不可不持敬慎危惧之态度”。此后几天，绍英所记较为简单，似乎并无大事发生。从中可以看出，当时的清皇室实已不能有所作为，复辟大事只能任人张罗。段祺瑞“讨逆军”誓师北上，张勋所统辫子军毫无招架之功；而逊清皇室对时局则始终没有清晰的判断，稍有异常就张皇失措。

绍英的日记中，不仅记载了清末民初的众多重要历史事件，还详细载录了有关进奉

《光绪庚子年避难日记》对八国联军在北京的暴行有简略的记载

赏项、祭祀礼仪、官场应酬、请托关说、家产处置、寻医问药、商号往来、股票交易等事项，内容丰富，涵盖面广，不失为中国近代史研究的珍贵史料。

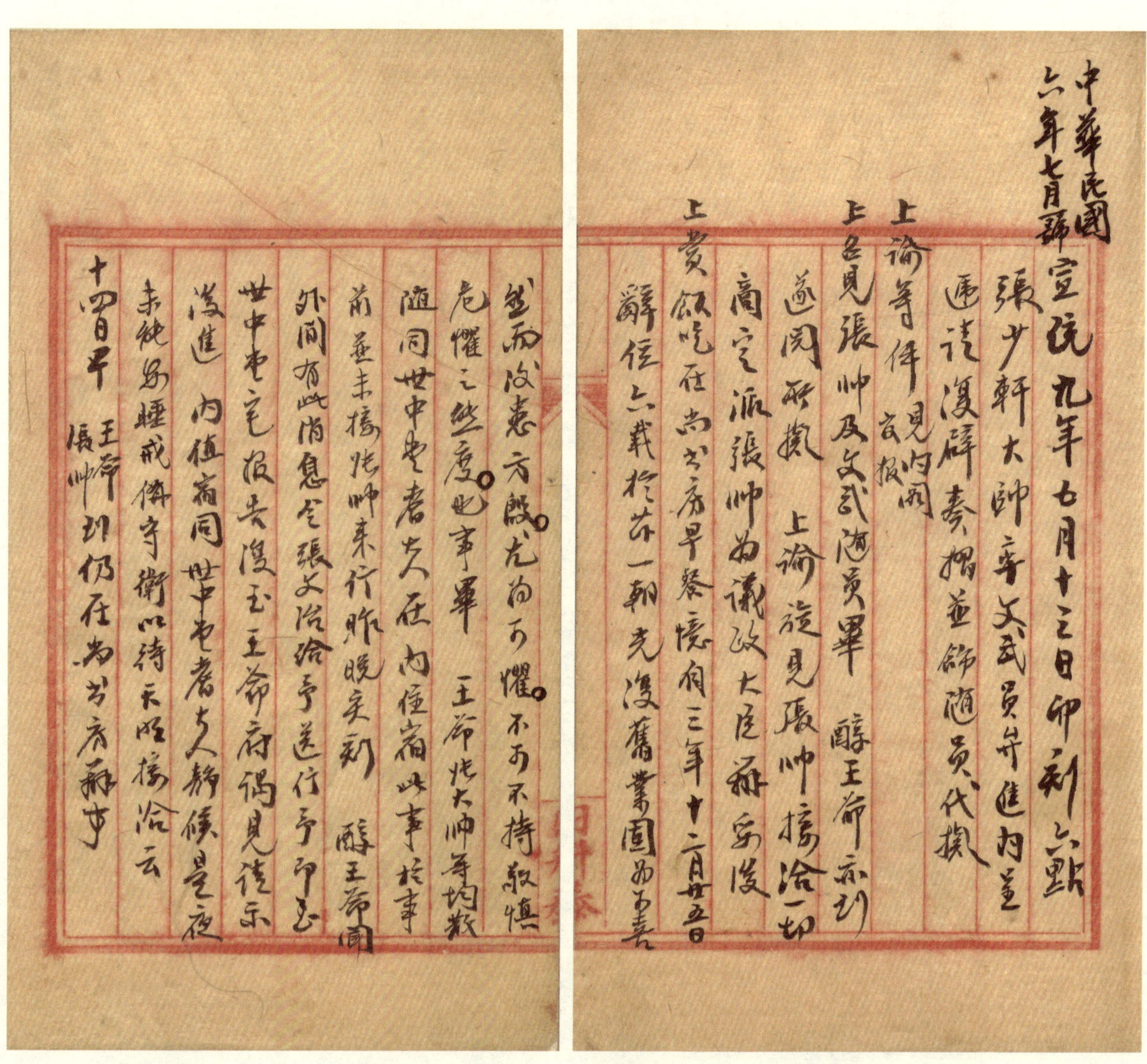

中華民國六年七月歸宣統九年七月十三日卯刻六點張少軒大帥率文武員弁進內呈遞請復辟奏摺並飭隨員代擬上諭等件（見內閣官報）上召見張帥及文武隨員畢醇王爺亦到遞閱所擬上諭旋見張帥接洽一切商定派張帥爲議政大臣[illegible]上賞飯吃在尚書房畢發憶自三年十二月廿五日辭位六載於茲一朝光復舊業圓而不喜然而後患方殷尤爲可懼不可不持敬慎危懼之態度此事畢王爺偕大帥等均散隨同世中堂耆大人在內值宿此事於事前並未接洽帥來行昨晚亥刻醇王爺函外間有此消息令張文治給予送往予即至世中堂寓後世予復至王爺府謁見[illegible]後進內值宿同世中堂耆大人靜候是夜未能安睡戒備守衛以待天明接洽云十四日早王爺張帥均仍在尚書房辦事

《兢业斋日记》对张勋复辟的记载

漫说《赵凤昌藏札》

李小文

《赵凤昌藏札》是赵凤昌、赵叔雍父子收藏、整理、装帧的书札集册，主要收藏各家致赵氏父子书札、各家致张之洞书信及晚清至民国初年的电报稿、奏折稿等，约2729通（件），现藏于国家图书馆名家手稿文库。所有文献都经过装裱，为经折装，上下衬以木夹板，共计109册，入藏国家图书馆后，又加做蓝色函套，分为36函保存。

赵凤昌（1856—1938），江苏武进人，字竹君，号松雪道人，室名惜阴堂，故又号惜阴、惜阴主人。出身于一个没落的望族家庭，早年在常州一家钱庄当学徒，因聪明能干，钱庄经理为他捐了一个小官步入仕途，后被两广总督张之洞赏识，延为侍从。赵凤昌机灵能干，张之洞对他青睐有加，后遭人忌，被弹劾“揽权”，朝廷勒令永不叙用。张之洞为他在武昌电报局谋得挂名领薪闲职，派驻上海。从此，擅长社会活动的赵凤昌更是如鱼得水，遍交江浙沪等社会名流。

赵凤昌之子赵叔雍（1897—1956），字尊岳，又名赵志学、赵乃谦，室名珍重阁、高

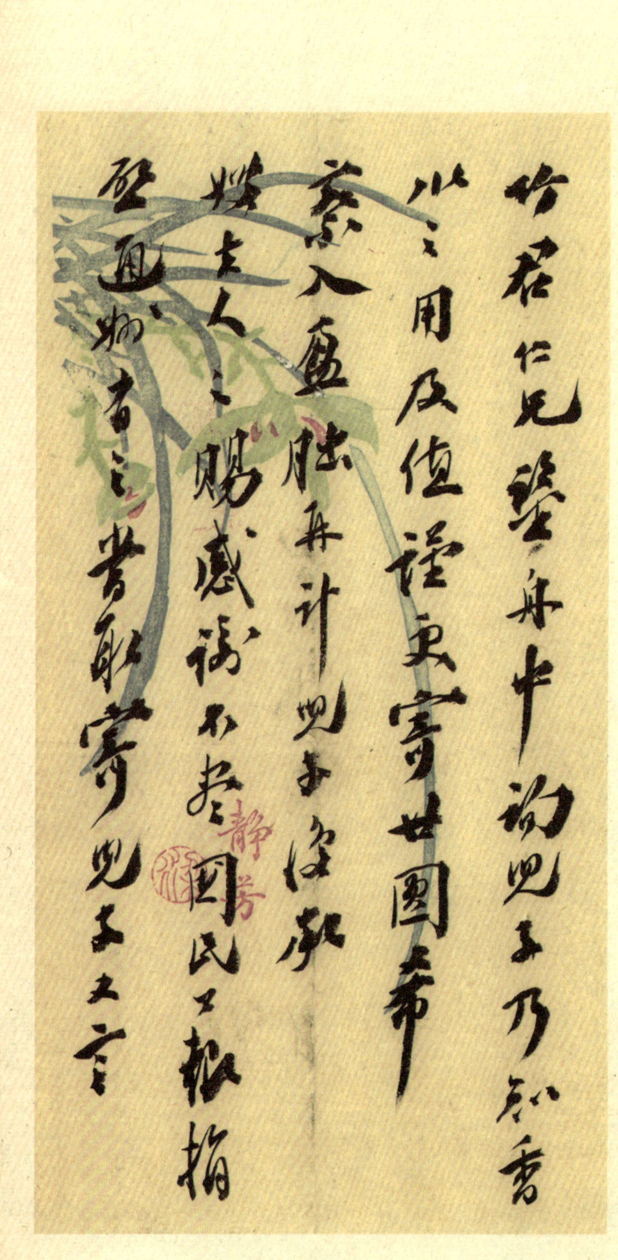

《赵凤昌藏札》之一

梧轩。江苏武进（今常州）人。历任申报馆经理秘书、复兴银行董事、新亚药厂董事长。抗战时曾任汪伪国民党中政会延聘委员、铁道部政务次长、宣传部部长、上海特别市政府秘书长等职。抗战胜利后被捕，获释后出走新加坡，以教书、编辑终生。

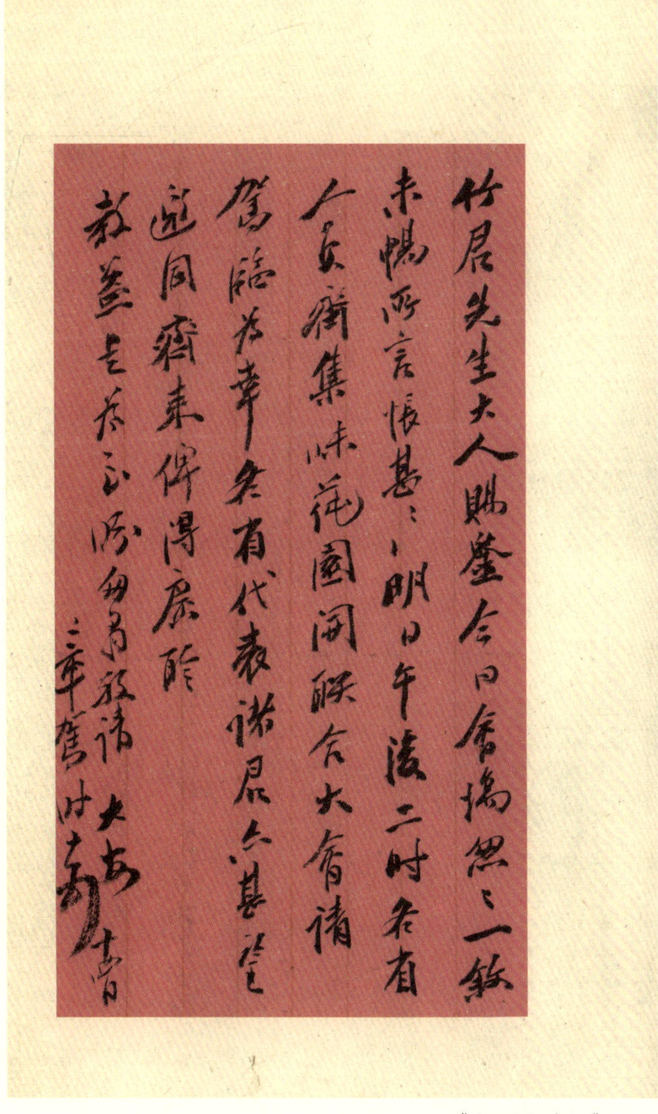
竹居先生大人赐鉴：今日会场匆匆一叙，未畅所言，怅甚怅甚。明日午后二时各省人士联集味莼园开联合大会，请驾临为幸。各省有代表，诸君亦甚望速同舟来，俾得屡聆教益。专[illegible]敬请大安。[illegible]

《赵凤昌藏札》之二

中华人民共和国成立后，《赵凤昌藏札》先由上海图书馆收藏，后因北京图书馆举办展览，由文化部借调至北京。展览期间，北京图书馆的专家们发现了这批文献的重要价值，向文化部申请留下其中最有价值的22册永久保藏，文化部研究后决定将这批书札整体拨归北京图书馆收藏，《赵凤昌藏札》由此正式入藏北京（国家）图书馆名家手稿文库。

《赵凤昌藏札》原件109册封面和首页均无题名，内里亦既无题跋亦无印章，国家图书馆最初对这批书札没有冠名，仅笼统地称为“近代史料信札”。1966年出版的《辛亥革命在上海史料选辑》“编者按”中说：“赵凤昌……留有《赵凤昌藏札》，共一百零九册，现藏北京图书馆。”国家图书馆从此也将这批文献定名为“赵凤昌藏札”。《赵凤昌藏札》在装帧时是经过整理和编排的，奏章、电报、书札都是分类装帧的：如第69册、94册全部为奏折，第57册、86册、101册等全部为电报；书札按写信人集中，够一定数量的就集中装裱成1册，如第12册、31册、93册都是孟森致赵凤昌的信，第22册、89册、100册全部是张謇致赵凤昌的书札；第42册、52册都是邵瑞彭致赵叔雍的信札及诗词，第49和83册都是彭玉麟致张之洞的信札，第38册全部是李文田书札。而册中收有多人书札时也尽量按人集中、按时间编排。《赵凤昌藏札》每册的木夹板上都有红铅笔所写序号，这些序号并无特定规律，可能是离开赵家后至入藏国家图书馆之前，为清点方便匆忙写上的，遂无规律可循，但为方便管理，目前仍沿用这个序号。

赵凤昌是近代历史研究中一位不可忽视的特殊人物，尤其在辛亥革命前后，参与了许多重要历史事件。《赵凤昌藏札》几乎涉及晚清至民国时期政治、经济、军事、文化、教育等方方面面的事件，又涉及众多在晚清史、民国史上具有重要影响的人物，是研究近现代史的重要资料。此外，《赵凤昌藏札》装帧美观，保存完好，晚清和民国时期的各色花素笺纸，配以同时期著名人物和书画家的行、楷、草、隶各种墨迹，可谓琳琅满目，美不胜收，既是年代久远、存世稀少的珍贵文献史料，又是具有艺术欣赏价值的精美文物。

收拾旧山河：
筹建临时政府要件举例

曹菁菁

国家图书馆名家手稿文库收藏的《赵凤昌藏札》中，存有赵凤昌所拟《拟定政见五条》《目前所当研究之事》《组织全国会议团通告书》《外交问题宣言书讨论稿》稿本等珍贵文献，真实反映了辛亥革命胜利后，革命阵营为筹建临时政府、维护革命成果的种种辛劳努力。

1911 年 10 月 10 日武昌首义，革命之势所向披靡。面对突如其来的胜利，南方革命党士气大增。但推翻清廷之后以怎样的具体措施建设新政权，革命党人还缺乏深入的考虑。此时，转投共和的立宪派人士以其政治功底和执事能力，在革命之初的政权重建工作上

目前所當研究之事

一總機關宜如何組織

一一切建設宜如何預備

一同人意見宜如何發表

一已獨立未獨立各省宜如何交通

一滿洲政府如仍存在宜如何應付

一北方軍隊如袁世凱張紹曾等宜如何聯絡

使全國[illegible]有發[illegible]以[illegible]國家之地位

消融一切種族界限以弭永久之競爭

發揮人道主義以圖國民之幸福

縮減戰爭時地以速平和之恢復

聯絡全國軍民以促共和之實行

赵凤昌《拟定政见五条》《目前所当研究之事》

起到了关键作用。

1911 年 11 月 15 日上海召开的"各省都督府代表联合会议"，实为南方革命势力对民主国会制度的首次尝试。这次大会的筹划与实践之功，首推张謇、赵凤昌、陈其美等人。早在 1911 年 10 月底，张謇、赵凤昌等人就预见到了清政府的必亡之路，他们在孙中山三民主义、五权宪法等思想的基础上结合实际革命形势，拟定了革命政府的政治方向，由赵凤昌起草《拟定政见五条》：

> 保全全国旧有疆土以巩国家之地位；
>
> 消融一切种族界限以弭永久之竞争；
>
> 发挥人道主义以图国民之幸福；
>
> 缩减战争时地以速平和之恢复；
>
> 联络全国军民以促共和之实行。

这一文件及时而有效地清除了革命党中旧有的"驱除鞑虏"等不合宜思想，界定了现存的"各省独立"乃临时过渡时期之态势，明确了新政权的"共和制度"和"民生主义"，是极为重要的政治纲领。

同时，张謇、赵凤昌等人还就当时的实际情况逐条列出了南方革命势力应当处理的问题以及应当实行的举措，即《目前所当研究之事》一文，将"总机关宜如何组织""一切建设宜如何预备"两大问题高列首位。并为此草拟了一份《组织全国会议团通告书》，确定了如下事项：第一，效法美国的合众制度；第二，效法美国的国会制度建立全国会议团，各省均需派代表参加；第三，在上海设立临时会议机关；第四，代表选派标准；第五，大会议题。《通告书》后附有 18 位发起人名单，大都是立宪派，陈其美之名则未列其中，可见此为立宪派人士的建国计划书。11 月 11 日，江苏都督程德全和浙江都督汤寿潜联名致电上海都督陈其美，呼吁建立全国会议团，共谋筹建临时政府[1]。其电报内容与此《通告书》一字不差。11 月 15 日，各省都督府代表联合会召开了第一次会议，立宪派人士的建国计划得以付诸实施。

此外，如何应对列强，也是南方阵营考量的主要问题之一，赵凤昌等人为此拟定一份致各国领事的宣言书，即《外交问题宣言书讨论稿》，以全盘继承清政府与列强已签订之条约的承诺，换取列强对辛亥革命及临时政府在外交上的承认[2]。这一思路基本继承了孙中山 1906 年《中国同盟会革命方略·外交宣言》[3] 的主旨，也是后来南京临时政府“和平外交”政策的前身。

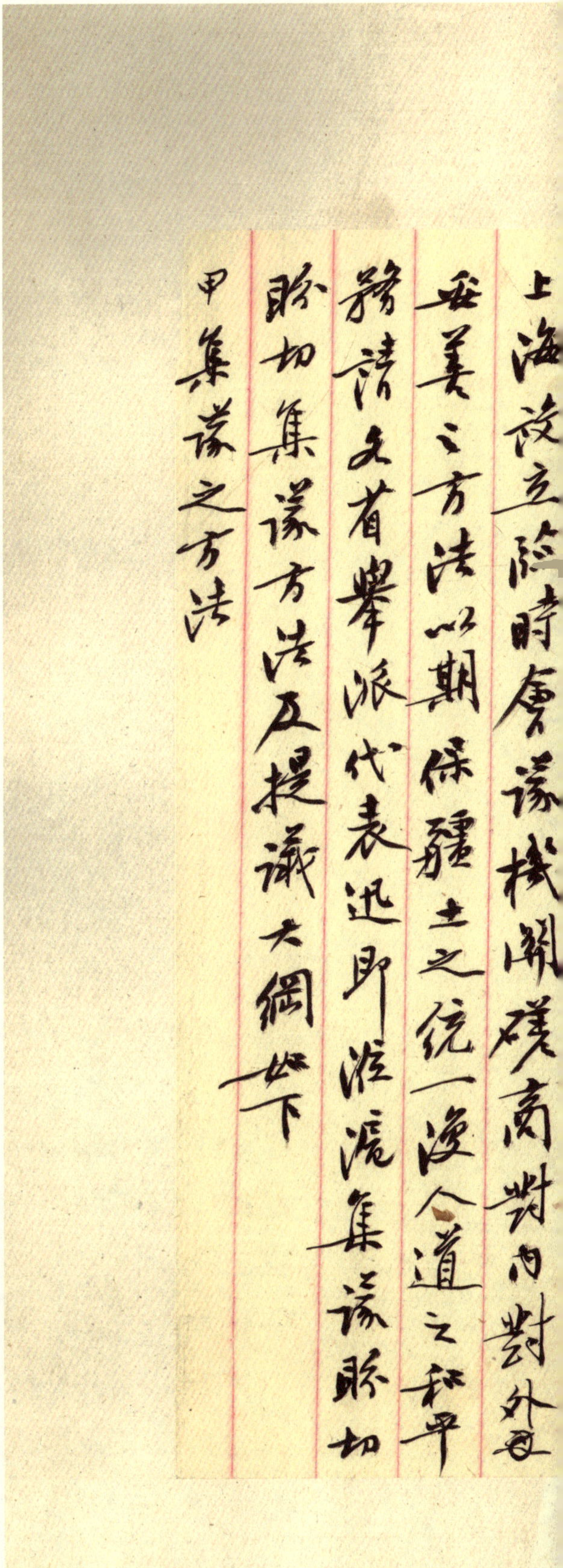
上海設立臨時會議機關磋商對內對外
妥善之方法以期保疆土之統一復人道之和平
務請各省舉派代表迅即蒞滬集議聯切
聯切集議方法及提議大綱如下
甲 集議之方法

赵凤昌《组织全国会议团通告书》

(1) 《程德全、汤寿潜致陈其美电》，《民立报》1911 年 11 月 14 日。
(2) 《外交问题宣言书讨论稿》，原题《时事评论稿》，误，《赵凤昌藏札》册 10，506 页。
(3) 孙文著，黄彦编：《革命方略》，广州：广东人民出版社，2007 年 11 月。

組織全國會議團通告書

自武漢事起各省響應共和政治已為全國輿論所公認然事必有所取則功乃易於觀成美利堅合衆之制度嘗為吾國他日之模範矣美之建國其初各邦頗起爭端外揭合衆之幟內伏渙散之機其所以苦戰八年卒收最後之成功者賴十三州會議為機關有統一進行維持秩序之力也考其第一二次會議均僅以襄助各州議會為宗旨至第三次會議始能確定國會長治久安之規模自是歷史上必經之階級吾國上海一埠為中外耳目所寄又為交通便利不

武漢之事純為政治革命[illegible]起事後中國大多數人
咸欣然表示贊助之意我久忘革命之或足援及個人生命
財產者世界各國亦皆論權迭盖二十世紀地球上無專制國
立足之地更無假立憲國立足之地中國人民近年積教育之功
與外國激刺之力知識大開非空言所能欺飾二三年來立憲派[illegible]人
人心中有革命之意今日武漢事起全國響應如銅山西崩
洛鐘東應人心所趨有莫知其然而然者[illegible]
理義甚合顧外人亦偶有慮革命成功後援及外人在中國已
得之權利且有謂滿洲政府雖至最後之命運時仍宜留其
地位以資維持者此實大謬世界潮流所至非人力所能抵禦此
次事變滿洲政府第一能平不久必有第二次事變況事變雖僅
在武漢一方而全國人心皆與武漢人心相同滿洲政府又豈能用
催眠術[illegible]朝夕之間挽回[illegible]人心乎與其令中國再任
第二次革命何如望第一次革命之即能成功乎況我又有統
將使外人安心以待革命之成功蓋目滿洲政府與各國所訂條約
皆偏重少數統治者之滿人之要求而使多數受治者之漢人
受其害漢人僅見外人在中國之獨得權利也紛紛起排外之

收拾旧山河

洪述祖所拟停战议和诏书

曹菁菁

赵凤昌（1856—1938），清末民初著名的政治人物，人称“民国诸葛”。赵凤昌父子与政治、商业、教育等各界高层人士的往来信件合辑为《赵凤昌藏札》，共计109册36函2729通（件），现藏于国家图书馆名家手稿文库，是研究民国历史的重要史料。《洪述祖所拟停战议和诏书》即为其中的一件珍贵档案。

洪述祖（1855—1919），字荫之，江苏常州人。清代著名学者洪亮吉之曾孙，赵凤昌内弟。辛亥革命前后，洪述祖为袁世凯幕僚。在赵凤昌促成南北议和的过程中，洪氏是赵凤昌在北方的重要联络人之一。

1911年11月21日，洪述祖给赵凤昌写了一封信，并附有其所拟诏书一份。长期以来，学界认为该诏书为洪氏所拟的清帝退位诏书，定其名为“洪述祖所撰清室退位诏书”。其实，此诏乃是洪述祖在赵凤昌授意下拟定的逼迫清政府与革命军停战议和、共商宪政的诏书。

皇太后懿旨蓋聞天下者天下之天下我朝入關本
由於明臣求請其時中原無主四海困窮我
世祖章皇帝體天愛民運會所乘不得不代為主持
以拯黎庶我
聖祖仁皇帝盡革前代弊政深仁厚澤超邁漢唐至

瑞芝閣

今二百餘年家法相承從未出一暴君行一虐政此
薄海臣民共見共曉者也同治已來國無長君遂不
得不任用親貴其賢者固能一秉大公佐成治理而
日久弊生亦不免有背公為私之輩深宮蔽錮覺察
無方此則朝廷之咎也我
德宗景皇帝有鑒於國權不振慨然變法創中國二

洪述祖所撰停战议和诏书

辛亥革命爆发后，面对革命军、地方政府、列强公使的多重压力，清政府已风雨飘摇，疲惫不堪。10 月 28 日，载沣代宣统帝下诏罪己。同时，又召回袁世凯重掌北洋军大权。革命军胜算未定，赵凤昌等人开始筹谋议和。袁世凯等人也游说清廷与南方革命军议和。虽然双方基本同意议和，但国体之争仍是焦点。清政府希望维持君主立宪制，保存皇帝之位。而南方革命军内部意见也不尽统一：激进派要求推翻帝制，实现共和；温和派要求停战为先，共议宪政。洪述祖所拟诏书即体现了这一微妙的历史细节。这篇诏书以隆裕太后的名义撰写，主旨如下：

何忍再使生灵涂炭。……即日择地与全国国民妥议宪政。自宣布此谕旨之后，立即停止战事，无论官军民军，不得再发一弹，再血一刃。……所议宪法，但求于中国土地人民多所保全，无论君主立宪民主列宪，余与皇帝均乐观厥成。

诏书中提到的国体是“君主立宪”和“民主列宪”。“民主列宪”是个罕见的说法，可能是为了避免刺激清廷，才把已经进入中国的“民主宪政”与“共和”换了一个说法表达。

即使是这样一份妥协的议和条件，清廷也难以接受。洪述祖向赵凤昌汇报了其在北京游说的情况：

弟廿八日入都，于廿八日少川（笔者注：唐绍仪）自往晤老庆（笔者注：庆亲王奕劻），反复言之。老庆亦谈之声泪并下，然亦不能独断，允于次早决定。不料一夜之后（想必与载沣等密商矣），廿九早，全局又翻，说恐怕国民专要共和云云。……项城退直，焦急万分。少川谋，即以此宗旨由项城奏请施行（约五日即可见）。倘不允，即日辞职，以去就争之。事机千载一时，南中切勿松动。

袁世凯等人均希望清廷接受南方的条件，就连奕劻也被说服。但是前摄政王载沣怕此诏一颁，革命军若坚持要民主宪政，所颁宪法架空皇权甚至推翻皇权，清廷将无退路。其时，“共和”呼声已高，这份诏书是否为清廷所接受，已无意义。几日之后，不愿再保清廷的袁世凯与驻京英公使朱尔典密商，由朱向南方提出议和三条件：即日停战，清帝

民之上不能綏輯萬方已為疚心何忍再使生靈塗

炭茲著派

為暫任代表議政員即日擇地與

全國國民妥議憲政自宣布此次諭旨之後立即停止

戰事無論官軍民軍不得再發一彈再血一刃所派

赴鄂各軍尅日撤回軍械子彈收儲勿用以副朝廷

弭兵安民之至意所議憲法但求於中國土地人民

多所保全無論君主立憲民主列憲余與皇帝均樂

觀厥成此係祖述堯舜公天下之心朝廷出自至誠

當為薄海臣民所共信亦必為

列聖在天之靈暨皇族宗支王公親貴等所共諒也

宣布海內咸使聞知

退位，袁世凯为大总统。南方各省代表及黄兴、黎元洪均表同意，由是公开成南北停战议和之局。

直至 1912 年 2 月，南北议和大局已定，张謇在赵凤昌宅起草了清帝退位诏书。2 月 13 日，清帝宣诏逊位。时局之风云变幻，不过如此。

千年未有之局下詔立憲原為保全國土民生起見
本無自私自利之心皇帝入承大統繼志述事惟日
孜孜而王大臣等奉行不善陽借立憲之名陰行專
制之實實非意料所及朝廷用人不當夫復何言此
次武昌兵變固由不肖疆吏所逼而起而不及一月
各省雲合響應足見政治之腐敗人心之積憤已達

瑞芝閣

極點及此改良組織完全憲政未始非中國剥極而
復之機余與皇帝仰體
列聖愛民如子之心實不願以改革政治妨害民命
即如漢口一役官軍民軍死於戰陣已堪憫惻又聞
無辜良民生命財產慘遭荼毒者不可勝計深宮聞
之實深痛恨自念余一婦人皇帝方在冲齡忝居臣

洪述祖所撰停战议和诏书

黄兴致赵凤昌、唐绍仪等函

赵爱学

国家图书馆名家手稿文库收藏的《赵凤昌藏札》中，有黄兴流亡海外时写给赵凤昌、汤寿潜、唐绍仪、张謇、伍廷芳、庄蕴宽、程德全等人的两封信函，内容为呼吁国内赞成共和的人士共同反对袁世凯称帝，维护辛亥革命的胜利成果，是反映辛亥后革命人士继续斗争的重要史料。

黄兴（1874—1916），字克强，湖南善化（今长沙）人。近代民主革命家，辛亥革命的领袖人物之一。1912 年南京临时政府成立后，任陆军总长兼参谋总长。“二次革命”时，任江苏讨袁军总司令，事败后出走日本，在日逗留一年后，于 1914 年 7 月赴美国，在华侨中宣传反袁，并为护国军筹饷。袁世凯死后，于 1916 年 7 月返回上海，同年 10 月因病逝世。

赵凤昌（1856—1938），早年曾为张之洞幕僚。辛亥革命爆发后，以所居上海惜阴堂为南北代表幕后活动场所。南京临时政府成立后，出任汉冶萍公司董事长，不久辞职。1912年参与组织统一党，党部北迁后辞职，寓居上海。张謇（1853—1926），字季直，号啬庵，江苏南通人。光绪三十二年（1906）在沪成立预备立宪公会，成为国内立宪运动的首领。宣统元年（1909）当选江苏咨议局议长。1912年任南京临时政府实业总长，1913年曾任北洋政府农林、工商总长。后因反对帝制，辞职南归。汤寿潜（1856—1917），字蛰先，亦作蛰仙，浙江萧山人。宣统元年（1909）任浙江咨议局议长。宣统三年（1911）被举为浙江都督。南京临时政府成立后，任交通总长，未赴任。旋改任南洋劝募公债总理，归国后参与组建统一党。伍廷芳（1842—1922），字文爵，号秩庸，广东新会人。宣统三年（1911）与陈其美、张謇等发起组织"共和统一会"，被推为南方民军全权代表参加南北议和。1912年任南京临时政府司法总长。1916年任段祺瑞内阁外交总长。次年代总理。不久南下任广州护法军政府外交部部长等职。唐绍仪（1862—1938），字少川，广东中山人。辛亥革命后，任袁世凯内阁全权代表，参与"南北议和"。1912年3月袁世凯窃据临时大总统之位后，任国务总理，并加入同盟会。同年6月，因不满袁世凯专横辞职。庄蕴宽（1866—1932），字思缄，江苏常州人。1910年加入预备立宪公会。1912年曾代理江苏都督，后与章炳麟等组织统一党。程德全（1860—1930），字雪楼，四川云阳人。辛亥革命爆发后，宣布独立，任江苏军政府都督。民初曾任内务总长、江苏都督等职，并与章炳麟等先后组织统一党、共和党。二次革命后匿居上海。

国家图书馆收藏的两封黄兴信函中，前者写于1915年12月27日，收信人为赵凤昌、汤寿潜、唐绍仪、张謇、伍廷芳、庄蕴宽等六人。黄兴在信中指出袁世凯称帝必败，重申讨袁决心，并指出当前形势危急，"今兹共和废绝，国脉将危"，"国之存亡，系于今日"，而他们诸位"负国人之重望"，不能"掉心任运"，坐视时局变乱，要站出来反对袁世凯的倒行逆施，挽救民国。黄兴此函最初寄到上海，赵凤昌接到后，密转其他诸人。函文语词恳切，既晓以大义，又动以私情，具有很强的感染力；语意真挚，"泣血椎心，哀何

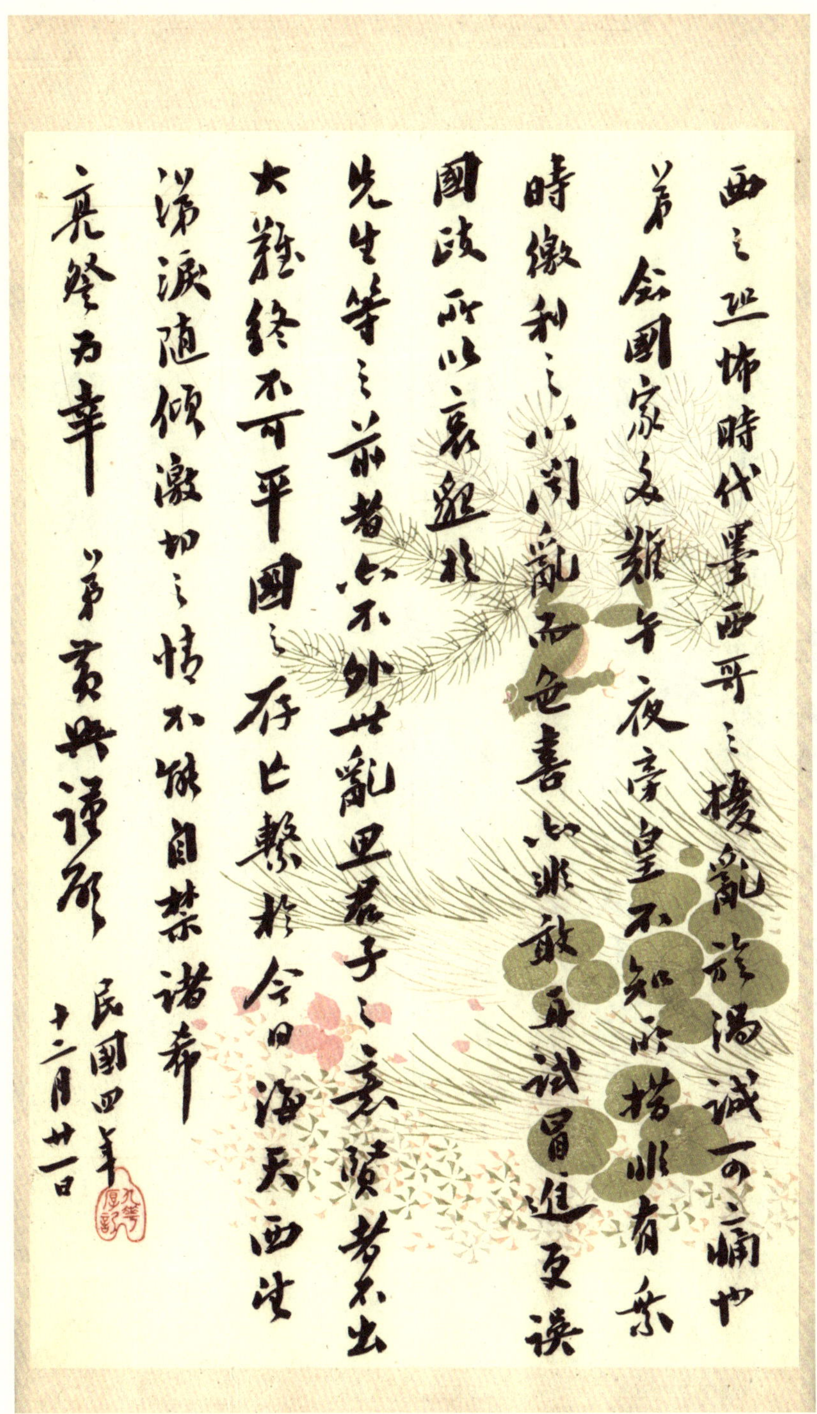

西之巡佈時代，墨西哥之擾亂旋踵，誠一可痛也。弟念國家多難，午夜旁皇，不知所措，非有乘時徼利之心，因亂而色喜；亦非敢自試冒進，貽誤國政。所以哀籲於先生等之前者，亦不外世亂思君子之義，賢者不出，大難終不可平，國之存亡，繫於今日。海天西望，以涕淚隨傾，激切之情，不能自禁，諸希亮詧為幸。

弟黃興謹啟

民國四年十二月廿日

黄兴致赵凤昌、唐绍仪等函

歷訴袁孫百計於致而去之愈遠
正義所存中外傾動自此民意稍
伸吳滇黔起義桂粵兩浙繼起
護國軍聲勢愈振逆勢益窮
大局解決當在不遠但袁尚負
嵎亂猶未已全賴
公等合力主持逼令早行退位

且他意見歧異之處尤望從中斡
旋使趨一致以便根據約法早奠
邦基興於國事負疚實多學識
未諳寸心不死此次由美抵東竟
形於個人力所能為竭誠圖之為
國人補助儻荷
公等隨時賜教尤所忻幸敬頌
道安 弟黃興謹啟 五月十七日

黄兴致赵凤昌、唐绍仪等函

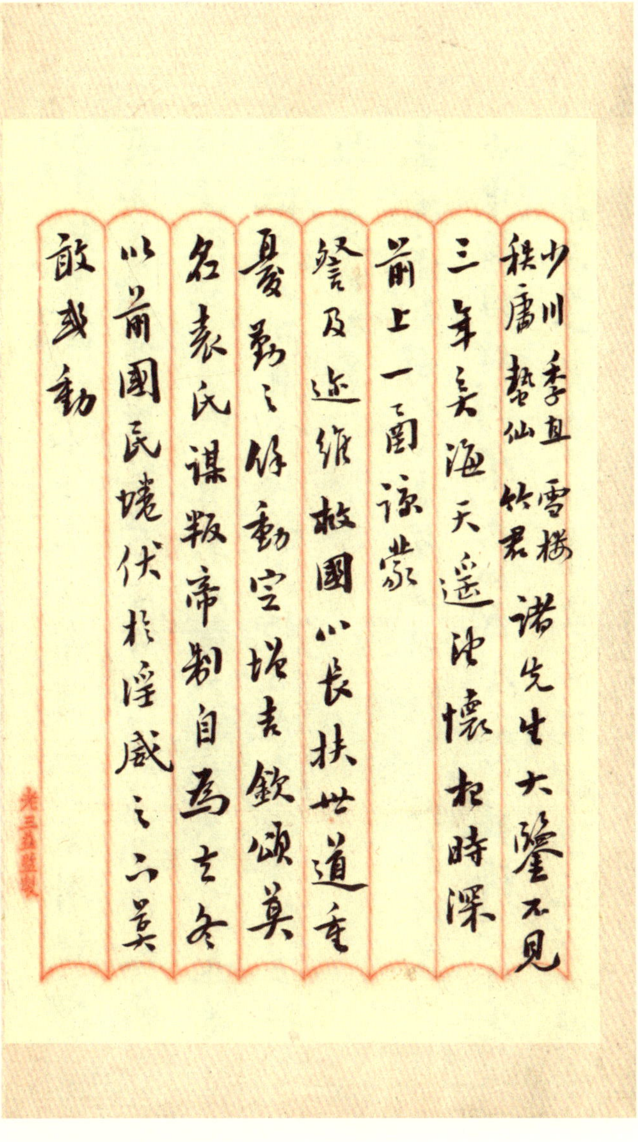
少川 季直 雪樓
秩庸 蟄仙 竹君 諸先生大鑒：不見
三年矣，海天遙望，懷想時深。
前上一函，諒蒙
鑒及。近維救國心長，扶世道重
憂，勞勞之餘，動定佳吉，欽頌莫
名。袁氏謀叛，帝制自爲，去冬
以前，國民蟯伏於淫威之下，莫
敢或動。

能已”，其忧心民国危亡的赤子之心跃然纸上。

第二封信写于1916年5月17日，收信人为唐绍仪、张謇、程德全、伍廷芳、汤寿潜、赵凤昌。此信发出时，黄兴已在国内各方的极力敦促下，从美国起程回国，途中在日本逗留。当时反袁战争已风起云涌，“护国军声愈振，逆势益穷，大局解决，当在不远”，讨袁形势已经在朝好的方向发展，但“袁尚负隅，乱犹未已”，所以黄兴再次给唐绍仪、赵凤昌等能左右时局的社会名流发函，呼吁他们继续“合力主持”，“从中斡旋”，统一各方分歧。函中黄兴明确提出“逼令早行退位”，“以便根据约法，早奠邦基”。

竹君 毅仙 少川
季直 秩庸 巴缄 各位先生惠鉴：遠教以來，瞬經兩
載，不意國事變亂至此，良可慨嘆。弟自維孤陋
淺薄，貽誤滋多，一身失敗，殊不足惜，去國以還，苟
安緘默，不欲有言，今者共和廢絕，國脈將危，泣血
椎心，哀何能已。
先生等負國人之重望，往時締造共和，殫盡心
力，中復維持國本，委曲求全，今豈能棹以任運，
坐視而不一顧乎？彼袁逆自謂權謀詭詐可以
欺蓋一世，殊不知怨毒所積，終有勃發之一日。往以
法國拿破崙之雄才大略，自竊帝位，力制民權，然
不久即歸於共和，身流孤島；墨西哥的亞士之陰鷙
險狠，任總統三十年，猶不敢公然稱帝，然最後亦為
國民所驅逐，客死異邦。今袁逆之功業遠不及拿
破崙，其謀數作兇，激怒人民又奚遜於的亞士，其敗
亡可翹足待。夫大亂之作，不有多數維繫國家
之人物居中而指導之，將一發而不可收拾。法蘭

黄兴致赵凤昌、唐绍仪等函

《赵凤昌藏札》中的辛亥史料：南北议和

曹菁菁

1911年12月18日，南北议和会议在上海南京路工部局市政厅开幕。参加会议的除南北议和代表伍廷芳、唐绍仪等人外，还有英、日、美、德、法、俄等国驻沪总领事及外商代表李德立。会议达成协议，袁世凯逼清帝退位，以换取南方各省支持袁任中华民国大总统。会议前夜，南方谈判代表伍廷芳致信赵凤昌，嘱咐赵务必在开会前给他全权代理的文件；并且在暂无大总统的情况下，伍廷芳认为可在黄兴的名衔下写上“代办大总统”的字样。

12月25日，孙中山抵沪，同黄兴、胡汉民、宋教仁等人会商，提议在国民会议召开前建立共和政府，意在增加推翻清廷后权力再分配时的政治筹码。12月29日，17省革命代表在南京举行选举大会，选举孙中山为中华民国临时大总统，并公布了内阁成员名单。袁世凯知道此事后命令谈判代表唐绍仪辞职，中断南北议和，幸赖临时政府实业部总长张謇和赵凤昌从中大力斡旋。1912年1月6日，张謇在南京会晤袁氏代表张绍曾，

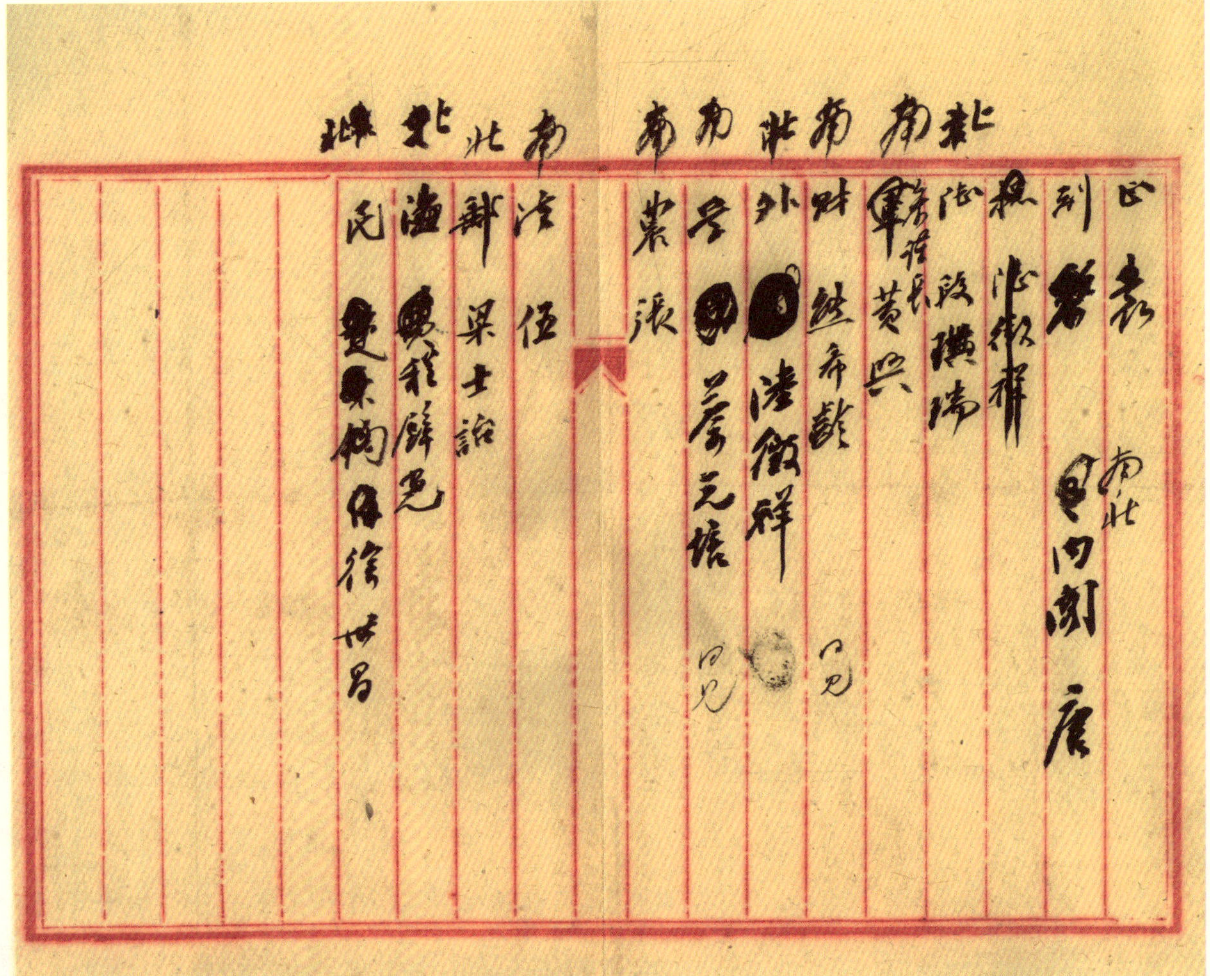

南北内阁人员草拟名单

并草拟致袁世凯电报底稿。

张謇在信中首先说明建立临时政府是为了团结南方革命各省，以便稳定形势，又暗示将与段祺瑞密商让其协助袁世凯逼宫。张謇向袁世凯保证只要清帝退位，南北双方和平统一，经合法程序开过国民会议，袁世凯即可登上总统大位。这份信稿多处圈点涂改，作者担心革命果实毁于一旦的忧虑心情和慎重态度可见一斑。张謇的斡旋效力显著，南北谈判终于恢复。1 月 15 日孙中山致电伍廷芳，请他转告袁世凯，如清帝退位，宣布共和，

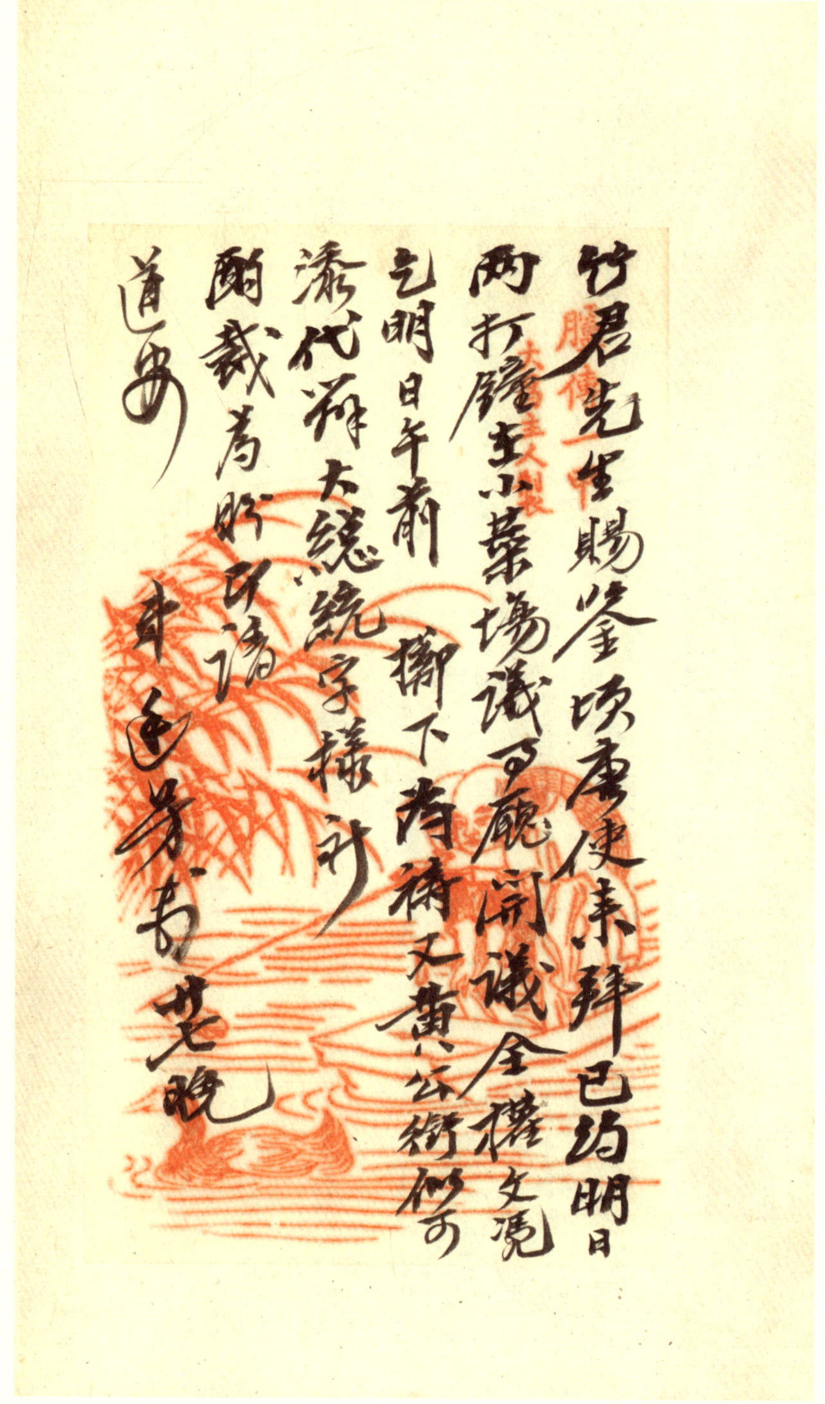

竹君先生赐鉴：顷唐使来拜，已约明日两打钟至小叶场议，可应开议，全权文凭乞明日午前掷下为祷。又黄公衔似可添代拟大总统字样，祈酌裁为盼。此请道安

弟廷芳顿首 廿晚

伍廷芳致赵凤昌函

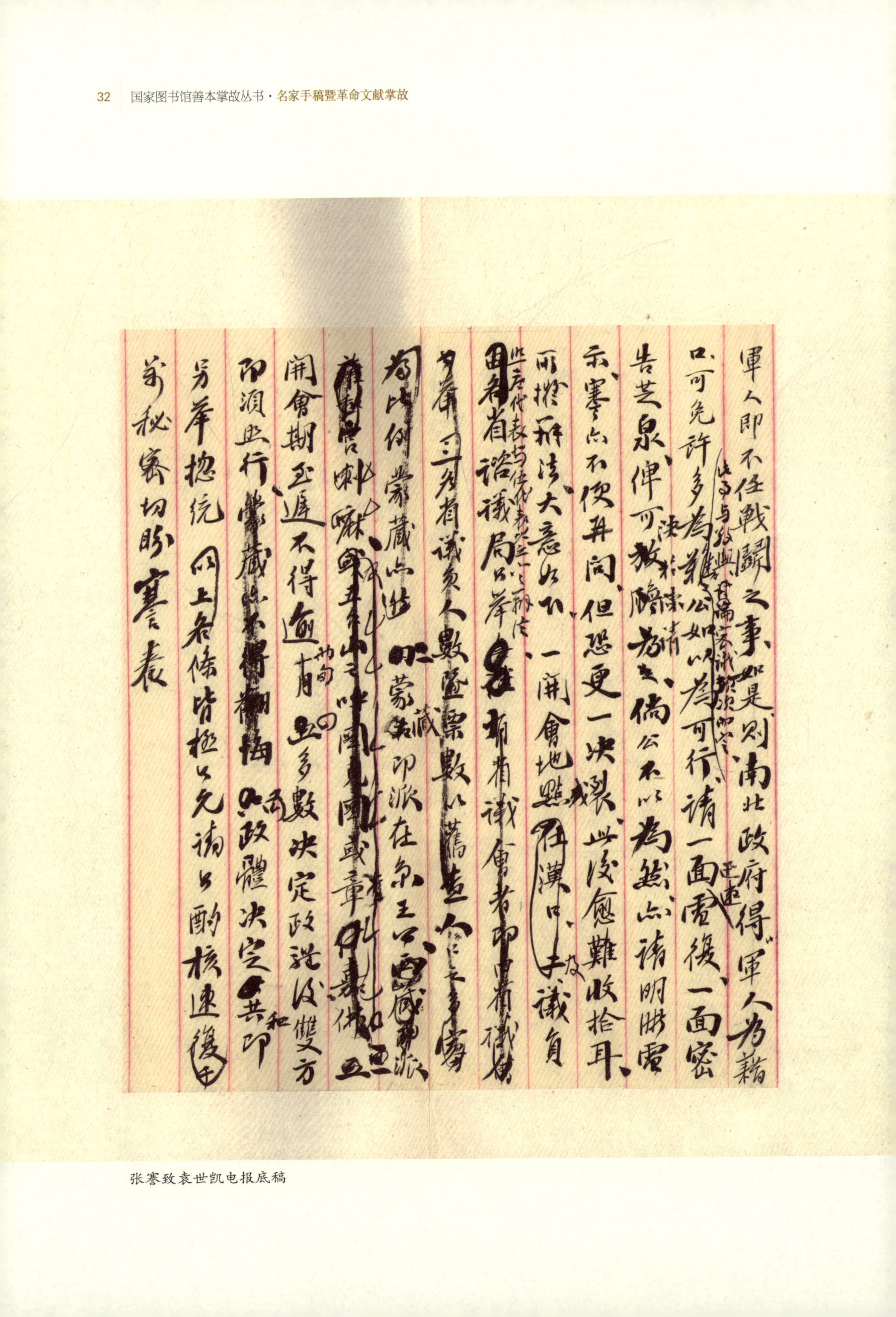

张謇致袁世凯电报底稿

则让总统之位于袁氏，绝不食言。[1]

2月13日，隆裕太后以宣统皇帝的名义颁发退位诏书。2月14日，孙中山宣布辞去临时大总统之职，袁世凯通电全国接受革命党参议员推选的大总统之位。袁世凯宣布就职第二天，孙中山即公布民国政府将采行法国内阁制，希望借此限制袁世凯的行为。3月13日，袁世凯任命唐绍仪为民国第一任国务总理，派其前往南京负责组阁。唐绍仪所组内阁被称为“南北内阁”，因为这一内阁的人选是南北双方充分协商之后的产物。《赵凤昌藏札》中有一份南北内阁人员草拟名单，在这份名单上，十大部均提名部长人选，并在其上标注“南”“北”：[2]

北陆军总长：段祺瑞

南参谋长：黄兴

南财务总长：熊希龄

北外交总长：陆徵祥

南教育总长：蔡元培

南农林总长：张謇

南司法总长：伍廷芳

北交通总长：梁士诒

北海军总长：程壁光

北工商总长：徐世昌

从中可以看出，这次组阁，南北双方各占5个名额，平分秋色。最后提交国会的名单中，

---

(1) 参见《孙中山全集》，北京：中华书局，1982年版第二卷第23页。

(2)《南北各界代表名单》，《赵凤昌藏札》第10册第578—579页。按：此份名单实为南北内阁人员的草拟名单，原来的定名不确。

人数增为12人，南北双方还是各占6人，只不过具体人员稍有变动，虽看似公平，实则外交、内政、陆军、海军以及交通等重要部门都掌握在袁氏一派手中，显示出袁世凯组阁时的强势。

《伍廷芳致赵凤昌函》《张謇致袁世凯电报》底稿、《南北内阁人员草拟名单》目前都收藏于国家图书馆名家手稿文库。

梁启超《讨张勋通电》

刘　波

张勋（1854—1923），字绍轩，号松寿，江西奉新人。初为广西提督部下参将。甲午战争后参加天津小站练兵。1899年随袁世凯赴山东镇压义和团，升至总兵。后历任云南、甘肃、江南提督。辛亥革命时退守徐州，授江苏巡抚兼署两江总督、南洋大臣。因张勋禁止部下剪发以示效忠清室，人称“辫帅”，所部称“辫子军”。1913年，张勋因镇压二次革命有功，升任长江巡阅使，统军两万驻扎徐州。1916年，袁世凯称帝失败后，张勋召开徐州会议，组织七省军事同盟对抗护国运动。同年9月，山东、奉天、吉林、黑龙江、河南、直隶、浙江、江苏、湖北、江西、绥远、察哈尔、热河十三省督军代表集会，由张勋、倪嗣冲领衔宣布成立“各省区联合会”，人称“督军团”，制定八条纲领，拥张勋为“盟主”。

1917年5月，大总统黎元洪和国务总理段祺瑞为是否解散国会问题争持不下，黎元洪下令解除段祺瑞职务，段祺瑞避走天津。6月14日，张勋应黎元洪之招，带兵三千入京。6月30日，张勋派兵占据火车站、邮电局等要地，并入清宫召开“御前会议”，发动

尚久明爱人以德之义伏望戮力同心戡兹大
难祺瑞虽衰朽亦当执鞭以从其后也故
布腹心伏惟鉴察段祺瑞叩

南京馮副總統武鳴陸巡閱使各省督軍省長鎮守使護軍使師長旅長上海申報新聞報時報時事新報並轉各報館鑒

昊天不弔國生[illegible]孽復辟逆謀竟實現於光天化日之下夫以民國之官吏臣民而公然叛國恢逆所在無俟鞫訊但今既逆燄熏天其簧鼓穿窬恫嚇之術無所不用其極妖氛所播群聽或淆啓超不敢自荒言責謹就其利害成敗之數為我國民痛陳之倡帝政者

梁启超《讨张勋通电》

复辟。7 月 1 日凌晨，张勋率领康有为等拥立年方 12 岁的溥仪（1906—1967）登极，并于当天发布八道上谕，改民国六年为宣统九年，易五色旗为龙旗，恢复清末官制，封授官爵。张勋自封议政大臣、直隶总督兼北洋大臣，掌握军政大权。消息传出，全国舆论一致声讨。黎元洪逃入日本使馆避难，段祺瑞则于 7 月 3 日在天津马厂组成"讨逆军"，自任总司令，以梁启超、汤化龙等为参赞，誓师讨伐张勋；同时发布《讨张勋复辟通电》，痛斥张勋、康有为"公然叛国叛道"。张勋的军队一战即溃，"讨逆军"很快攻入北京。7 月 12 日，张勋逃入荷兰使馆，溥仪再次宣布退位，复辟闹剧仅维持 12 天便狼狈落幕。7 月 14 日，段祺瑞回京，重掌大权。

身为讨逆军参赞的梁启超，不仅代段祺瑞撰写了《讨张勋复辟通电》，更以个人名义发表《反对复辟电》（手稿题名《讨张勋通电》），声讨复辟，呼吁保卫共和。这两份珍贵手稿都收藏于国家图书馆名家手稿文库。

在代段祺瑞所拟《讨张勋复辟通电》中，梁启超指出："今日民智日开、民权日昌之世，而欲以一姓威严，驯伏亿兆，尤为事理所万不能致"，号召国人"戮力同心，戡兹大难"。在《讨张勋通电》中，梁启超更针对复辟派颠覆共和政体的倒行逆施，进行了猛烈批判，将复辟痛斥为"国生憓孽"。梁启超于民国初年筹组进步党，1913 年至 1914 年底曾出任进步党内阁司法总长；袁世凯称帝后，他与蔡锷策划武力反袁，亲赴两广担任护国军军务院抚军兼政务委员长；袁世凯死后，他又组建宪政研究会。他根据自身从政的丰富经验，切中肯綮、一针见血地指出复辟政权的弱点。这两则通电，言辞雄辩犀利，气势磅礴，情理兼胜，代表了国人的心声，发布之后引起强烈的社会反响，鼓舞了各界人士反对复辟、维护共和的斗志。复辟政权也正如梁氏所料，迅速倒台。

詹天佑《川汉路信底函稿》

孙　俊

19 世纪末、20 世纪初中国兴起铁路建设高潮时，四川人民也热切盼望早日建成出川的铁路，而外国列强也早已觊觎四川这块宝地，都想揽办控制该省铁路的建造与营运。一时间，英、法、德、美等各国使臣与财团代表，纷纷游说清廷与四川地方大员，均以借款造路为请。为严拒外国列强染指四川铁路，1903 年，四川总督锡良奏请川人自筹资金修建铁路，获清廷批准。1904 年，官办川汉铁路公司成立，1907 年 3 月改为商办。川汉铁路最初规划以成都为起点，经重庆、万县到达湖北宜昌，再由宜昌经当阳、荆门、襄阳，在应山县的广水与京汉铁路衔接，全程两千多公里。

1908 年 11 月，詹天佑被任命为川汉铁路总工程师兼驻宜昌会办。他深知这是一项较京张铁路更漫长艰巨的铁路工程，但在当时，他还不能离开京张路工地。1909 年 4 月，川汉铁路宜万段副总工程师颜德庆先行前往宜昌。詹天佑频繁地与之书信往还，有时一日连发两三封信，了解川汉铁路的筹建情况并给予具体指导。1909 年 10 月，京张铁路

Szechuen Chuenhan Railway Co.
Iwan Section

Peking 19th April 1909.

Dear Mr. Ye,

Your letter from Wuhu and the telegram have been received.

Wharf

The most important of all is to select a suitable wharf to enable mooring of steamers of such draft that is customary for steamers to ply to Ichang. Find out nature of River bottom along the bank whether it suits of piling for wharf. If not we have to bund the bank which is very expensive. Find out rise of highest flood water. Make cross sections of river for the proposed wharf. Perhaps in the beginning we may have to use a pontoon. The length of wharf when finished must be 800 to 1000 ft long at least. After site selected make a big scale plan with the cross sections, scale 1 in. = 20 ft. When fixed, work is to begin by levelling off the ground so as to make a stone yard, ground level to be formation level of track.

Survey and Location.

Tracings of Survey, Ichang to Kweichow.

A Telegraphic reply that Mr. Luk had surveyed for a route along bank of Yangtse between Ichang and (香溪) and to his opinion it was an impossible line and hence his adoption of the mountainous route. When you have arrived at Ichang you will of course see Luk and enquire into the matter thoroughly as to which route is better. But before fixing the route to be taken, it would be much better to go over the route first, taking Mr. Luk along and a few others whom you think necessary. It is not necessary to use instruments but simply to see and to be familiar with what sort of a line you would probably have. Go by the mountainous route to (香溪) and return by the Yangtse Bank, thus you can judge which is the better. After determining which route to take, then begin to locate

詹天佑《川汉路信底函稿》

建成通车，11 月詹天佑即南下宜昌，12 月 10 日主持川汉铁路首段工程宜万段的开工典礼。1911 年初，詹天佑赴广州就任粤路公司总经理，但仍兼宜万段总工程师，继续通过颜德庆对川汉铁路的建筑工程作出种种指示。

1911 年 5 月 9 日，清政府宣布实行铁路国有政策，5 月 20 日，邮传部大臣盛宣怀与四国银行团订立粤汉、川汉铁路借款合同。清政府强行收回商办铁路，对外出卖路权。川、鄂、粤、湘各省保路运动爆发，四川保路运动发展成为保路同志军起义，成为辛亥革命的导火线。川汉铁路被迫停工。从 1909 年举行开工典礼到 1911 年辛亥革命爆发，川汉铁路首段宜昌至万县段，完成铁路线路 60 余公里，其中可通行工程列车线路 17.3 公里，已属不易。

国家图书馆名家手稿文库珍藏有詹天佑手稿《川汉路信底函稿》1 册，约 300 页，系詹天佑哲嗣詹文裕捐赠。主要是詹天佑主持修筑川汉铁路期间的英文信函稿，起自 1909 年 4 月，讫于 1912 年初，其中最主要的收信者为颜德庆，其余有天津瑞记洋行范科尔巴、汉阳钢铁厂总办李维格等。主要内容有：关于川汉铁路宜万段沿江路线的选择，专用机车研制构想及川汉铁路山道机车选型，中国青年铁路工程师的培养以及对清政府强行实行铁路国有政策的不满等。

1911年5月21日给颜德庆的信中写道："邮传部正在收回所有的铁路干线，是善是恶，终将有报。我强忍着不做任何评论，而每一个人都和我一样，洞悉此事。"面对清政府一意孤行，镇压保路运动，詹天佑对中国铁路的未来忧心忡忡。在6月13日给颜德庆的信中写道："至于四川铁路的未来，可以肯定的是，美国人将予接管，而对中国人来说，则无任何希望。因此，我们如果再花费心思，那将如修筑空中楼阁，毫无意义了。我们的好日子已经过去了！！！所有的好命运均已离开中国人而去，而我们必须甘心居于次等地位、二等地位？不！！！比这还坏。"

1912年中华民国成立，詹天佑任川粤汉铁路会办，协助孙中山先生制定十万公里铁路计划。1914年，为落实孙中山《建国方略》中修建川汉铁路的设想，詹天佑重新着手勘测，选取新线路。但直至他逝世，这条铁路仍无踪影。新中国成立后，修建川汉铁路再次被提上议程。2003年12月1日，宜万铁路奠基仪式在恩施举行。2010年12月宜万铁路通车，中国人百年的梦想终于实现。

鉴湖女侠秋瑾史料

孙　俊

秋瑾（1875—1907），字璿卿，别号竞雄，署鉴湖女侠，祖籍浙江山阴（今绍兴市），出生于福建厦门。少读书家塾，聪颖好学，有女才子之称。1896年，她与湖南湘潭富家子弟王子芳（字廷钧）结婚，生子女二人。但秋瑾对这桩婚姻并不满意。1904年，她只身离家，赴日留学。1905年，先后加入光复会、同盟会。1906年初，因抗议日本政府颁布"清国留学生取缔规则"回国。1907年与徐锡麟等组织光复军，拟于7月6日在浙江、安徽同时起义，事泄被捕。7月15日，秋瑾就义于绍兴轩亭口。

秋瑾就义后，遗骨缟葬绍兴府城外卧龙山西北麓。两个月后，其兄秋誉章秘密将秋瑾遗体入殓于棺木，迁往绍兴常禧门外严家潭殡舍暂放，但不久后被殡舍主人强令迁至附近荒地，只能以草扇盖其上。听闻此等惨状，秋瑾的结拜姐妹吴芝瑛、徐自华等决计营葬秋瑾。1907年春，秋瑾与吴、徐游西湖观岳王坟时，曾戏言：死后葬此，何等荣光。因此二人发愿葬秋瑾于西子湖畔。徐自华与秋誉章在西泠桥西侧购得一地，位于"苏小精也。六爻發揮，旁通情也。時乘六龍以御天也。雲行雨施，天下平也。瑾素自豪，讀書無所擇，嘗稱其鄉人某為己死，卻聞者銜之次骨。徐錫麟陸誅恩銘，靈禍浸尋及紹興，遂連以告有司而賊之。瑾死，付其詩詞餘若干首，（都為一集）其詩婉瘱，若不稱其情性者。人之志行或橫困不見於詩。犯難卒以漏言自隕。悲夫。余聞古之善劍術者，內實精神，外示安儀，喋喋騰口者寡。讀吳越春秋，有哀於越女之[illegible]。惜乎瑾之不志此也。定哀之世，於是乎有徽言。

章炳麟序

小墓左近，与郑节妇墓相连”，“美人、节妇、侠女，三坟鼎足，真令千古西湖生色”。1908年1月26日，秋瑾棺椁迁葬于此。吴芝瑛题写碑名“呜呼山阴女子秋瑾之墓”（后改刻为“呜呼鉴湖女侠秋瑾之墓”），徐自华撰写了《鉴湖女侠秋瑾墓表》。吴芝瑛分请画家作《西泠悲秋图》。2月25日，杭州各界400余人公祭秋瑾。3月14日，吴芝瑛扶病凭吊秋瑾。这些活动的消息传到北京后，清廷派御史赴杭暗访，下旨严惩营葬发起人，一时舆论哗然。吴芝瑛上书两江总督端方，声言“因葬秋获谴，心本无他，死亦何憾”，慨称“彭越头下，尚有哭人；李固尸身，犹闻收葬”，“愿一身当之”，只求“勿再牵涉学界一人，勿将秋氏遗骸暴露于野”。年末，浙江巡抚增韫上奏求情。清廷最终只强令秋墓迁葬，并未惩办具体个人。

国家图书馆珍藏有《西泠悲秋图》一册，册页装。此册围绕吴芝瑛、徐自华营葬秋瑾这一事件，收录同题为《西泠悲秋图》的水墨画五幅、《戊申杭州学界祭秋瑾》《戊申吴芝瑛祭秋瑾》照片两张、《吴芝瑛上端方书》毛笔手书原件以及增韫奏折抄件。据题款，可知作画者为秦裕（1896—1974）、汪溶（1896—1972）、吴镜汀（1902—1972）、徐操（1898—1961）等名家；其中秦裕之画作于壬辰长至日（1953年12月22日），吴镜汀之画作于庚寅（1950）首夏。此册所收历史原照、名人手迹与名家书画交相辉映，不仅具有重要的历史资料价值，而且具有极高的审美艺术价值。

1907年9月6日，由《天义报》主持人何震搜集、王芷馥资助刊印的《秋瑾诗词》在日本东京出版，这是秋瑾诗词最早的遗集，亦称“芷馥”本，

章太炎《秋瑾集序》毛笔手书原稿

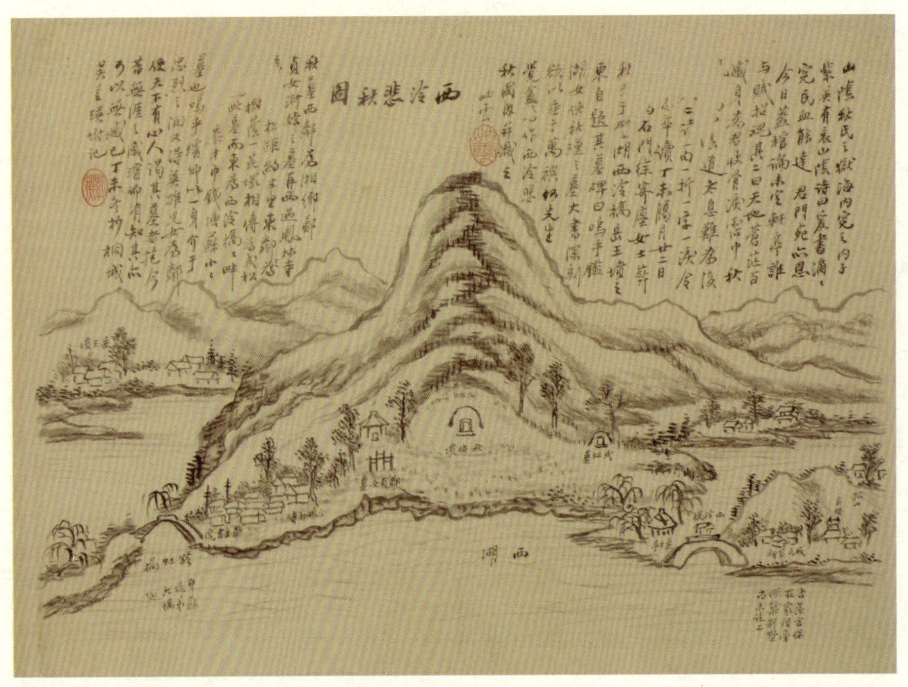

《西泠悲秋图》

收秋瑾诗、词各一卷，诗 87 首，词 38 阕。国家图书馆珍藏有章太炎《秋瑾集序》毛笔手书原稿，即为《秋瑾诗词》所作序文，初载《天义报》第 5 号（1907 年 8 月），后又载《民报》第 17 号（1907 年 10 月 25 日）。此序开篇盛赞秋瑾突破传统妇道、变古易常的乾元大德。序文后半段则惋惜秋瑾“语言无简择”，以致“漏言自陨”，所谓“尝称其乡人某为已死士，闻者衔之次骨”，暗指秋瑾与绍兴府学总办胡道南在日本时，因谈及革命和男女平权问题，曾斥胡为死人，招致胡怀恨告密，直接导致秋瑾在绍兴大通学校被捕。值得探讨的是，危难关头，秋瑾并非没有脱险的可能，但她抱定以死警醒国人的决心，她说：“革命要流血才能成功。”有人盛赞秋瑾为女中谭嗣同，从某种意义上来讲，是她自己选择了牺牲，完成了鉴湖女侠传奇的一生。

张难先与辛亥革命史料

张　杰　孙　俊

1911 年 10 月 10 日爆发的武昌首义是辛亥革命中最为重要的关节点之一，革命志士义旗高举，置生死于度外，他们忘我的牺牲精神永远值得后人钦敬。首义史料数量众多，形式多样，革命先驱张难先做了大量的搜集、整理和研究工作，为后人存留了很多关于辛亥革命的珍贵记忆。

张难先（1874—1968），湖北沔阳（今仙桃）人，名辉澧，号义痴，以字行。1904 年加入湖北新军，先后参与革命团体科学补习所和日知会的组织领导工作，1911 年亲历武昌起义。民国时期曾任浙江省政府主席，新中国成立后历任中南军政委员会副主席，全国人大第一、二、三届常务委员。

20 世纪 40 年代，张难先有感于地方和中央相关机构对于辛亥武昌首义重视不足，“负其责任者俱等闲置之”，乃“走谒各老同志，求其口说本人事迹而笔记之。不能面晤者，函请自记置邮以来。其亲寄示余者，则有李君西屏、章君裕昆、甘君绩熙、聂君国青等。

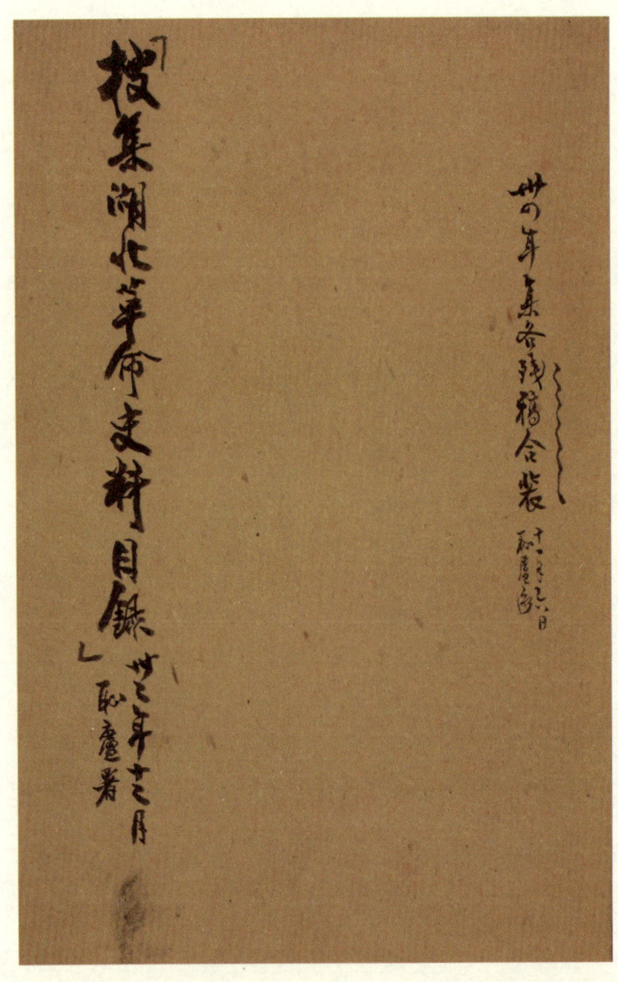
「搜集湖北革命史料目録」

卅七年十二月

耿庵著

卅四年集各殘稿合裝

《搜集湖北革命史料目录》

并承李君远骧寄其伯父国镛之起义日记，夏君衡青叙述其辛亥武汉外交之经过。凡此，皆湖北革命亲切之史料，可供参考者也”。

张难先为访得的各种史料编制了《搜集湖北革命史料目录》，大略如次：

（一）庚子（1900）至癸卯（1903），有《庚子武汉首义烈士墓碑》《潜江傅君良弼墓表》等 9 种；

（二）甲辰（1904），有《科学补习所始末记》《考证甲辰党狱湘抚往来函》等 10 种；

（三）乙巳（1905）丙午（1906），有《致日知会调查纪录所书》《教会日知会阅书报启及章程》等14种；

（四）甲辰（1904）讫辛亥（1911），有《摘抄中国国民党概史及他书关于中山、克强两先生大事》《摘抄李西屏先生所编武昌首义记》等15种；

（五）辛亥首义，有《鄂州约法》《张君翼洲自述及函》等16种；

（六）报纸类，有卅二年双十节（1943年10月10日）《重庆时事新报》《新华日报》《扫荡报》等6种；

（七）参考书类，有邹鲁《中国国民党史稿》、章裕昆《文学社革命运动纪实》等19种。

国家图书馆珍藏有一批与辛亥革命相关的张难先稿抄本，系1958年张难先哲嗣张彻生捐赠，大多为《搜集湖北革命史料目录》所载，包括《湖北革命党历年团体党员略》《知之录征料来鸿集》《知之录编毕来件》《知之录出版后之改错函件》《鄂党史料杂抄》《摘抄并修改李君西屏武昌首义记》《武昌起义日记》（李国镛撰）《武昌首义访事录》（甘绩熙撰）《辛亥革命纪实》（李春萱撰）《文学社武昌首义纪实》（章裕昆撰）等。

这批史料集中反映了湖北地区辛亥革命的面貌，尤以武昌首义为高潮重点，对于文学社与共进会的联合、宝善里爆炸案、彭楚藩等三烈士的牺牲、首义第一枪、黎元洪出任军政府都督等都有多角度的回忆与记述。例如对于众所瞩目的首义第一枪问题，李西屏（翊东）认为首开第一枪的是金兆龙，章裕昆认为第一枪的射击对象是张文涛而非陶启胜，而张难先对此问题的记述则大体接近事实原貌："正瀛见势急，开枪击之（陶启胜），洞其胸部，未殊，仍奔楼下。秉坤知事发，乃自营舍出，以枪要击启胜。"将各种资料搜集起来，然后进行综合排比，这是历史研究的基础性工作。张难先搜集的众多湖北革命史料，为书写辛亥革命信史提供了重要的参考文献。

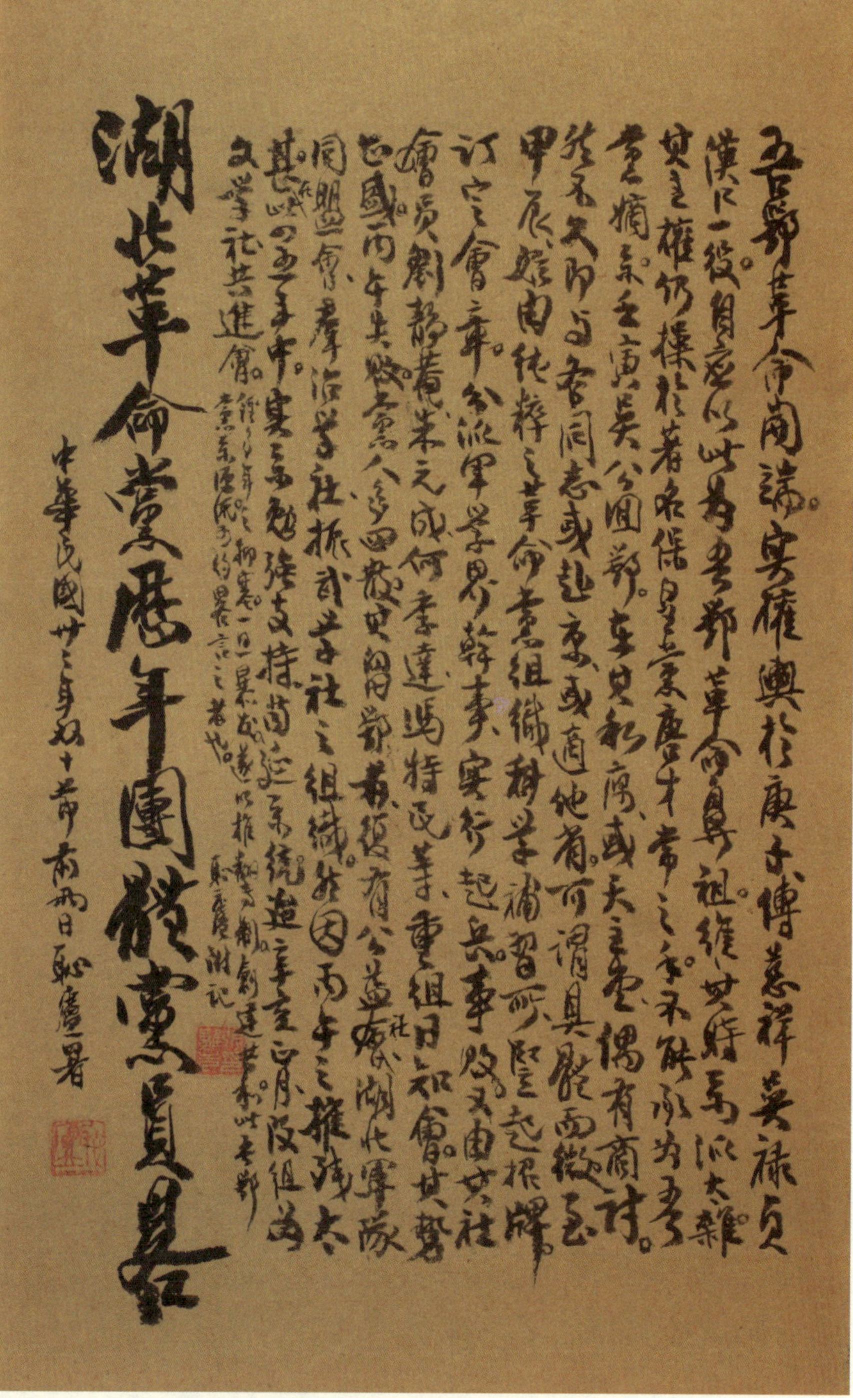

《湖北革命党历年团体党员略》

章太炎的三批手稿

陈汉玉

章太炎（1869—1936），原名学乘，字枚叔，以纪念汉代辞赋家枚乘。后易名炳麟。因慕顾绛（顾炎武）的为人行事，改名为绛，号太炎。浙江余杭人。清末民初思想家、史学家、朴学大师、民族主义革命者。章太炎名满天下，但因一生奔走革命，七被追捕，三入牢狱，置身家性命于不顾，所以尽管著作等身，其手稿却少有集中、完整的保存。国家图书馆名家手稿文库藏有章氏早期手稿100余件，分三批入藏，来历不明，内容亦奇。

第一批章氏手稿约有百件，入藏时作一大包，编在一个登录号下，再次整理时重新编号，分别装袋收藏。其中约90件是单篇散页，大多写在无格的八开薄宣纸上，字迹铺天盖地，密密麻麻，多者每页可达2500字以上，一般语句清楚，极少改动。其余是线装书册：有一册题为"太炎集"，目录依干支排序，许多篇目与上述散页相同，惜只存第一册；有两册是包背装草稿本，收文章50余篇，多数篇目与上述散页相同，篇章之间不留空行，文字歪斜潦草，极不规整，涂改很多。不难看出，这三册书是散篇的底本或草稿本，散篇为誊稿或清稿。散篇中多数曾收入1914年出版的《雅言》及1915年出版的《章氏丛书》，极可能是1913至1916年间，章氏幽禁北京期间选编《章氏丛书》时的作品。章氏名作《訄书》的修改稿亦在其中。

此外还有三件样式一致的线装收藏册。册高33.5厘米，宽22厘米，蓝绢封面，白宣册页，用料考究，工艺精致，应为专业匠人制成。第一册收有文件四份，分别为：内城官医院医长徐延祚要求章氏迁移居处、以利康复的呈文，文后有6月15日京师巡警总监吴炳湘的批复；章氏致国务卿及各总长要求"缴上勋章，归受梵戒"的呈文；章氏致《顺

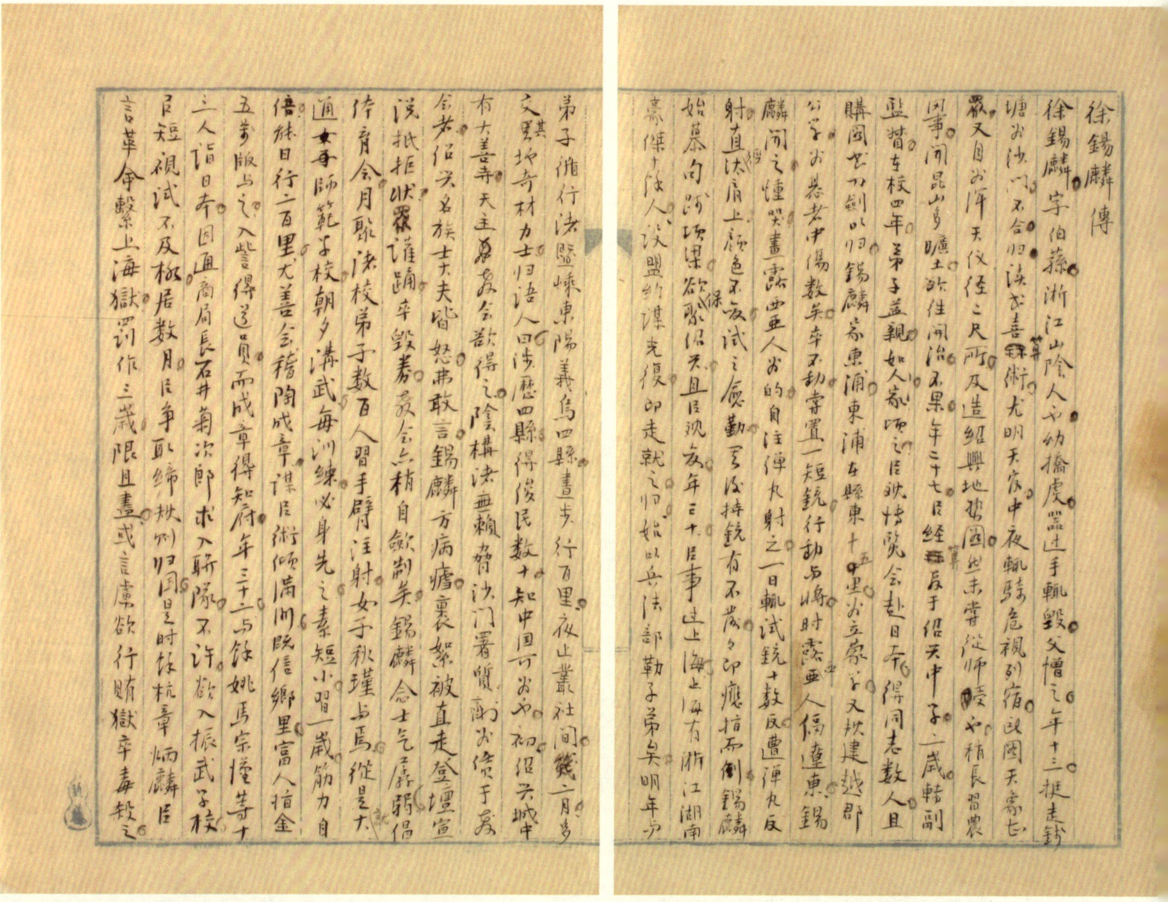

章太炎手稿之《徐锡麟传》

天时报》记者，透露仍未解除监禁的新闻稿件；章氏索要被扣生活费的索欠函和账目清单。第一、二件应写于 1914 年，第三件应写于 1916 年，第四件应写于 1915 年初。第三册收信函数件：章氏致商务印书馆函，致月霞法师函，致朱希祖函，章夫人汤国黎女士致朱希祖函等。第三册收章氏各种墨迹 20 余件，纸张质地各异，尺寸各异，字体有楷、隶、小篆、行草，内容有文稿、诗颂、铭诰，包括讽吴炳湘《巡警总监箴》。

第二批章氏手稿有三件，为《新方言》《六诗说》和《驳皮锡瑞三书》。每件一个登录号。三件均为线装书册，深色纸书衣，比较正规，稿纸各异，应写于不同时期。《新方言》

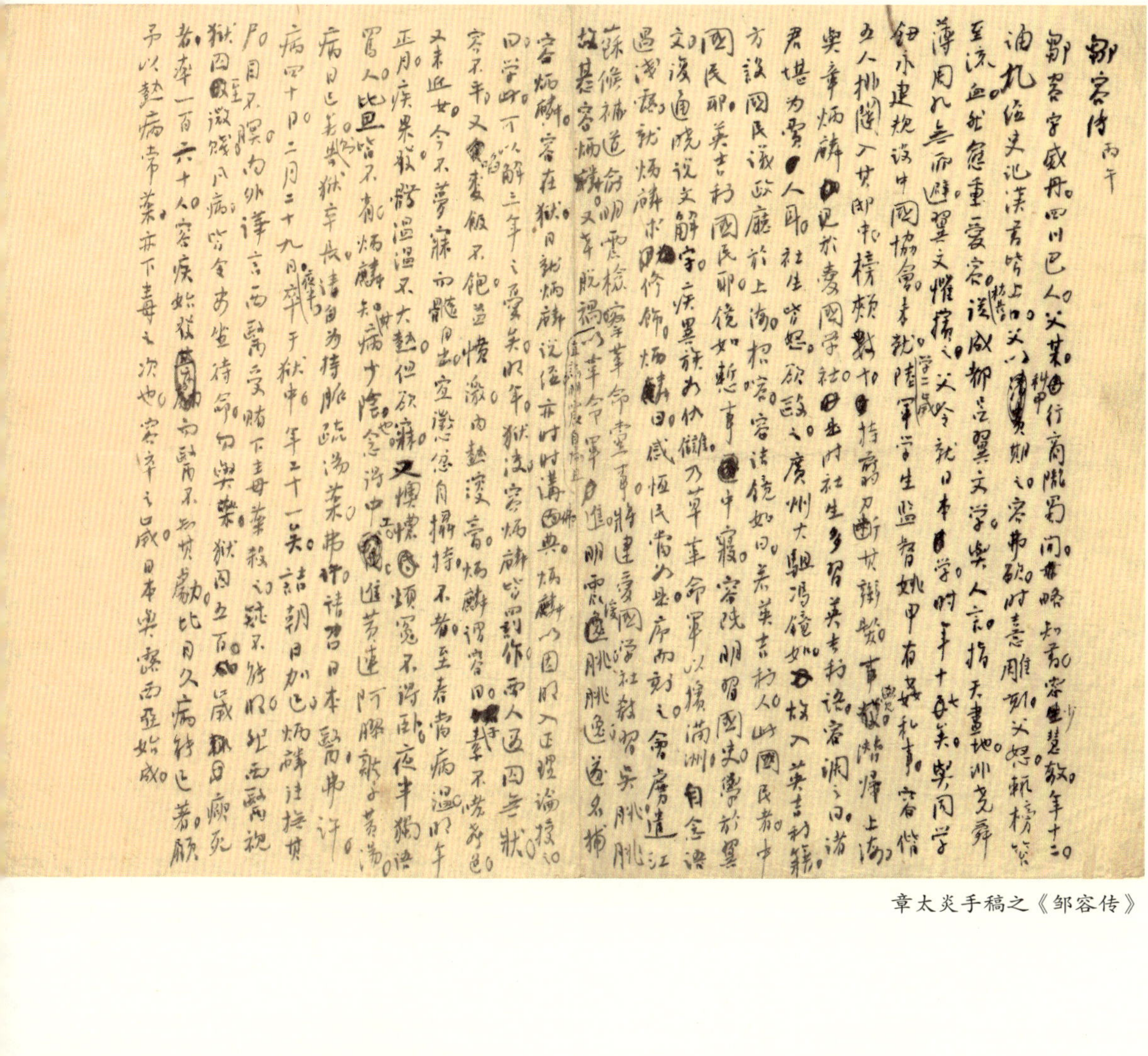

章太炎手稿之《邹容传》

为章氏代表作，同名手稿杭州图书馆亦有收藏，但国家图书馆所藏者明显为初稿。章氏1906年出狱后由孙中山接往日本，担任同盟会机关报《民报》的主笔兼发行人，直至1908年《民报》被迫停刊为止，《新方言》是章氏笔战之余的研究所得。国家图书馆馆藏《新方言》使用《民报》稿纸写成，比后来用普通稿纸修定或誊录的《新方言》价值要高。

第三批章氏手稿为一件五页，是章氏致黎元洪的两封函稿，贴在用“直隶省警察统计表”页订成的小册子里。统计表用最廉价的机制纸印成，册子用最普通的家用白线订成。第一封应写于1916年袁世凯死后，要求撤警及谒见；第二封议论明年国会大选事，写作时间有待考证。后者有大块墨污，应是废弃的草稿。

关于三批手稿的入馆时间，只能从登录号上寻找线索。根据前后书籍入馆情况，第一批手稿似在20世纪30年代中期入藏，第二、三批似在新中国成立前夕的1947年或1948年入藏。

第一批手稿的原收藏者应是高级特务，因其必须具备一定权势，才能拥有巡警总监的批文，查扣致国务卿的信件，并能获得如此大量的章氏手稿。该收藏者看重的是公文和墨迹，文稿尚在其次。其出让原因有待研究。第二批手稿的收藏者可能是特务，也可能是章氏弟子。出让原因应是生活所迫。第三批手稿是废弃底稿，又贴在简陋纸册上，收藏者应是充当仆役的下等特务。该收藏者看重的是名人手迹，可能由于生活困苦，不得已出让，以换取口粮。

鲁迅手稿《古小说钩沉》

刘　明

鲁迅辑录的古小说集《古小说钩沉》，是唐以前小说史料整理的典范之作，在中国小说史研究方面具有开山作用。以此为基础撰写的《中国小说史略》，“初步垒筑了中国小说史的体系”。

鲁迅（1881—1936），原名周樟寿，后改名树人，字豫才，浙江绍兴人，文学家、思想家和教育家，是中国现代文学和中国小说史研究的奠基人。《古小说钩沉》辑录周至隋散佚小说三十六种一千四百余则，引用古书凡六十余种，用以参校者又有十余种，共二十余万字，堪称现代古小说史料整理研究的皇皇之作。郑振铎曾评价此书“是乾嘉诸大师用以辑校录先秦古籍的方法，而用来辑录古代小说的”，“不仅前无古人，即后有来作，也难越过他的范围和方法的”（《中国小说史家的鲁迅》）。

《古小说钩沉》资料最初的搜集工作，大概始于1898年鲁迅离开绍兴之前。1909年，鲁迅从日本回国，任教于浙江两级师范学堂，开始系统地从事古小说的校辑工作。1912

辍耕録卷三十

上略：東坡議如皇山傳以使之於水府裡注程演日異聞集載古嶽瀆經書淮至桐柏山

獲淮渦水神名曰巫支祁云云……（又見困學紀聞補）

歷代名畫記卷四

劉旦楊魯並光和中畫手待詔尚方畫於洪都學 二人並見附 康氏宗書

三五川出明録

（億之）思江陵美女畫像贊之於壁玩之

戴逵字安道譙郡銍人幼有巧慧聰悟博學善鼓琴工書畫為兒童時以白瓦屑雞卵汁和溲作

小碑子為鄭玄碑時稱詞美書精器度巧絕其畫古人山水極妙十餘歲時於瓦棺寺中畫王長

史見之云此兒非徒能畫亦終當致名吾恨不得見其盛時逵嘗就范宣學范見逵畫以為無用之

事不宜虛勞心思逵乃與宣畫南都賦范宣觀畢歎甚以為有益乃亦學畫逵既巧思又善

鑄佛像及雕刻曾造無量壽木像高丈六并菩薩逵以古制朴拙至於開敬不足動心乃潛

坐帷中密聽衆論所聽褒貶輒加詳研積思三年刻像乃成迎至山陰靈寶寺郗超觀而

禮之撮香誓曰云云此香手中未盡煙上極目雲際後以鉄鑄像起太元二十一年已 兒書及

宋袁蒨引付徐廣晉記會稽記郭子

劉義慶世說宋朝臨川王宣驗記

韓鄂歲華紀麗卷四

謝承後漢書云佛以癸丑七月十五日寄生於淨住國摩耶夫人腹中至周莊王十年甲寅四月

八日生

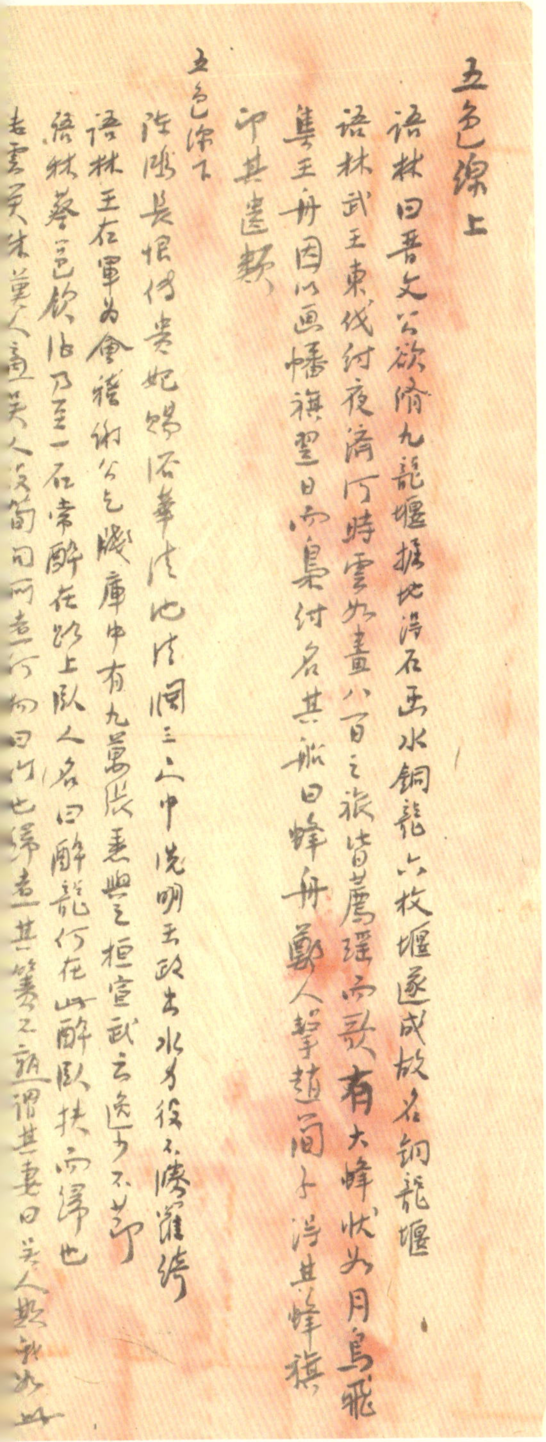
五色線上

語林曰晉文公欲修九龍堰掘地得石西水銅龍六枚堰遂成故名銅龍堰

語林武王東伐紂夜濟河時雲如晝八百之旅皆鷹揚而歌有大蜂狀如丹鳥飛

集王舟因以畫幡旗翌日而梟紂名其船曰蜂舟鄭人擊趙簡子得其蜂旗

五色線下

陳鴻長恨傳貴妃賜浴華清池清瀾之中洗明玉既出水力役不勝羅綺

語林王右軍為會稽謝公乞牋庫中有九萬張悉與之桓宣武云逸少不節

語林蔡邕飲酒至一石常醉在路上臥人名曰醉龍何在此醉臥扶而歸也

鲁迅手稿之《古小说钩沉》

年 2 月，鲁迅已完成辑录工作，并署名“周作人”在《越社丛刊》第一集发表《古小说钩沉序》，在序中指出编纂此书不只是源自对古小说的浓厚兴趣，更是为了纠正自古以来轻视小说的倾向，将小说研究视为国民性探讨的重要工作。此外，辑录古小说的另一目的是匡正前人谬误，正确地辑录史料，这与鲁迅主张的开创性学术研究要进行资料长编有密切联系。

早在 1912 年，鲁迅便想出版《古小说钩沉》，但因无刻版经费而未能如愿。1926 年，出版计划因同样的问题再度搁置。1935 年，郑振铎编辑《世界文库》欲收此书，但鲁迅认为：“一则放弃已久，重新整理，又须费一番新功夫；二则此种书籍，大约未必有多少人看，不如暂且放下，待将来有闲工夫时再说。”直到鲁迅逝世后，这部书稿才于 1938 年编入《鲁迅全集》第 8 卷正式出版。

《古小说钩沉》是一部校勘精审、学术谨严的著作，辑录的材料可分为五类：一、见于《汉书 · 艺文志 · 小说家》著录者；二、见于《隋书 · 经籍志 · 小说家》著录者；三、见于《新唐书 · 艺文志 · 小说家》著录者；四、见于上述三志小说家之外著录者；五、不见于史志著录者。足见鲁迅辑录的工作不仅巨细无遗，而且有着深厚的传统目录学功底。而校勘的工作大致包括：辑校异文，如《小说》"蔡邕母始怀孕"句，鲁迅校以《续谈助》"始怀孕"作"方妊"；校正文字，如《列异传》"苏娥"条，鲁迅校云"具见《珠林》七十四引《冤魂志》，高安作高要，周敞作何敞，当据正"；详加案断，如《神怪录》"吴详"条，鲁迅校云"案《御览》七百十六引作志怪，其文较略"。更难能可贵的是，鲁迅还利用了当时新发现的敦煌类书写本资料，这是很有学术眼光的。《古小说钩沉》的辑录，提高了鲁迅小说创作的素养，有些甚至成为他创作的素材，如《故事新编》中的《铸剑》即取材于《古小说钩沉》中的《列异传》。尽管《古小说钩沉》也存在一些疏漏甚至失误，但瑕不掩瑜，丝毫不会影响这部著作的价值。

1951年，许广平向北京图书馆捐赠鲁迅手稿56种，其中包括《古小说钩沉》手稿10册。1956年8月，鲁迅博物馆建成即将开馆之际，北京图书馆将所藏部分鲁迅手稿22件2188页拨交鲁迅博物馆收藏，其中就包括许广平捐赠的《古小说钩沉》手稿。目前，国家图书馆名家手稿文库收藏的鲁迅《古小说钩沉》底稿，来自1950年周作人之子周丰的捐赠，并于2008年由浙江古籍出版社影印出版。

商务印书馆工会的《复工条件》和沈雁冰

陈汉玉

国家图书馆名家手稿文库的收藏中，有一件珍贵的历史文献：1927年商务印书馆职工罢工时递交资方的《复工条件》。

《复工条件》11页，共9条，大致为：一、公司应无条件正式公布承认工会；二、增加工资；三、减短每日工作时间；四、优给恤金及退俸金；五、每年红利须平均分派，计算法应以薪水大小为标准；六、改良待遇；七、不得无故辞退职工；八、商务俱乐部恢复同人名义，移交同人办理；九、不得借端辞退罢工人员等。

其中各条内容都很详细，如改良待遇条下又有"将历年合积之同人抚恤金数中提出十分之六，建筑极完备之大宿舍若干所，其基金即提交宿舍基金委员会保管，限一年内筑成"；"同人任职五年后，应许支给原薪派遣留学或关于学术上之考查，每年至少派三人，每人以二年为限"等5条内容。

《复工条件》写在工会专用笺上，笺16开，为宣纸印红八行，上镌"商务印书馆工会用笺”，下镌“上海闸北宝山路振盛里底”。整个文件用墨笔小隶写成，偶有改动之处。文末署“八月廿四日”，钤“商务印书馆工会之章”大方印（约 3 厘米 ×3 厘米）。每页左右下方页边骑边钤椭圆印“上海商务印书馆工会”。是一件非常正规的公文。

《复工条件》的撰写者是沈雁冰，即中国现当代著名作家、文学评论家茅盾。1916 年 8 月，沈雁冰进入上海商务印书馆编译所工作，1920 年接编并革新《小说月报》。此时，他已是上海马克思主义研究会的成员。1921 年春，他加入中国第一个共产主义小组；7 月，他又成为第一批中国共产党党员。沈雁冰利用在商务印书馆编译所工作的便利，承担起中央秘密联络员的任务，在商务印书馆职工中积极宣传、普及马克思主义，发展党团员。

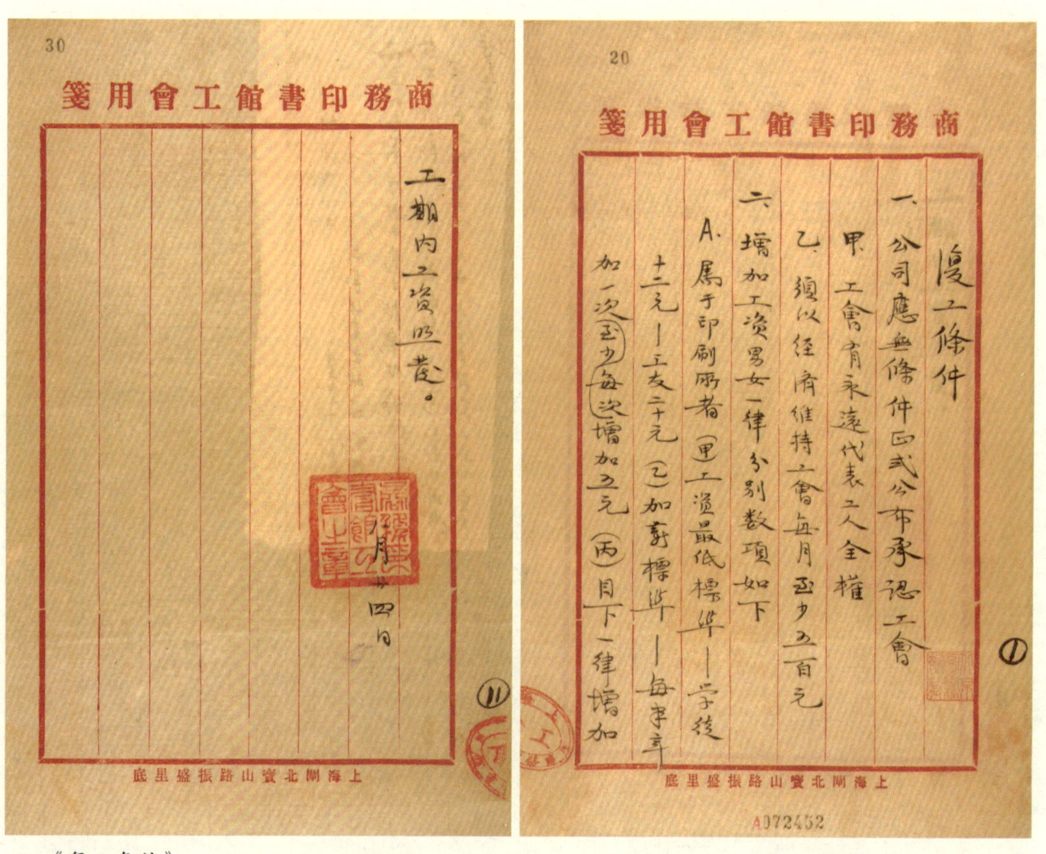
20
商務印書館工會用箋
復工條件
一、公司應無條件正式公布承認工會
甲 工會有永遠代表工人全權
乙 須以經濟維持工會每月至少五百元
二、增加工資男女一律分別數項如下
A. 屬于印刷所者 (甲)工資最低標準——学徒十二元——工友二十元 (乙)加薪標準——每年加一次(至少每次增加五元) (丙)目下一律增加
上海閘北寶山路振盛里底
①
A072452

30
商務印書館工會用箋
工潮內工資照發。
八月廿四日
上海閘北寶山路振盛里底
⑪

《复工条件》

1925 年，中共四大决定加强工人运动。8 月，商务印书馆爆发了"要求加薪及平等待遇大同盟罢工"。8 月 24 日，商务印书馆编译所、印刷所、发行所、总务处的 13 位代表进行联席会议，商订复工条件，沈雁冰作为编译处代表参加会议，并负责执笔起草谈判的文件，就是这份《复工条件》。据记载，当日会后，13 位职工代表即与馆方代表进行谈判，由此推断，《复工条件》应是会议当场写成并钤上工会印章的。另据《上海商务印书馆职工运动史》（上海市总工会编，1991 年中共党史出版社出版），当年罢工代表们递交《复工条件》时，前面还出具了一份证明函："敬启者：兹派王景云等十三人携带复工条件，趋前接洽。务请公司俯念工艰，完全承认。不胜企盼之至！此致 / 商务印书馆执事先生台鉴 / 八月二十四日 / 附复工条件十一纸。"日期处同样钤有"商务印书馆工会之章"的大方印。

在中国共产党的领导下，在馆内职工的坚持和各界人士的支援下，商务印书馆的这次罢工最终取得了胜利，但沈雁冰从此受到国民党当局的注意，不得不离开商务印书馆。1927 年汪精卫组织"分共会议"，公开叛变革命，沈雁冰撤离武汉又遭国民党通缉，从此，他以茅盾为笔名，开始创作和其他文学活动。1928 年，沈雁冰避居日本后，与中共党组织失去了联系。此后，沈雁冰一直在中国共产党的领导下从事文艺工作，曾两次要求恢复组织生活，但党中央认为他在党外对革命更有利，他服从安排一直保留党外人士的身份。1981 年，沈雁冰致信中共中央，请求追认其为中共党员。沈雁冰逝世后，中共中央决定恢复其党籍，党龄从 1921 年算起。

王国维遗书

李小文

中国近代国学大师王国维于1927年投湖自尽，震惊学界，也成为近一个世纪以来学术界的“公案”。王国维之死牵涉中国近代政治、社会、文化的方方面面，牵动当时及后世众多学者的情思，纷纷撰文阐述己见，至今“聚讼纷纭，莫衷一是”。王国维赴死时携带的遗书也成为研究其人的重要文献。目前，王国维遗书原件珍藏于国家图书馆名家手稿文库，曾在2001年国家图书馆举办的“名家手稿珍藏展”上与广大读者见面，使世人在七十余年后得以一睹真容。

王国维（1877—1927），字静安、伯隅，号礼堂、观堂、永观，浙江海宁人，近代中国著名学者。其学问博大精深，先后从事哲学、文学、中国戏曲史、甲骨金文、古器物、殷周史、汉晋木简、汉魏碑刻、敦煌文献以及西北地理、蒙古史等方面的研究，还在文字学、音韵学、训诂学等语言文字学领域多有建树，被誉为一代国学大师。梁启超称他为“学界重镇”，鲁迅说：“要谈国学，他才可以算作一个研究国学的人物。”而先生在其人生的壮年和学术的巅峰期自沉于颐和园昆明湖，令学界惋惜不已。

1927 年 6 月 2 日（农历丁卯年五月初三）上午 8 时，王国维先赴清华研究院，与有关人员谈论下学期招生事项，然后雇一洋车前往颐和园，在石舫和鱼藻轩等处吸烟徘徊，然后自投于水。据说，王国维投水后不过一两分钟，即被附近园丁救起，救起时内衣还未浸透，但由于湖中淤泥甚厚，园丁又不知急救，因此窒息而死。死时约在上午 10 至 11 时之间。

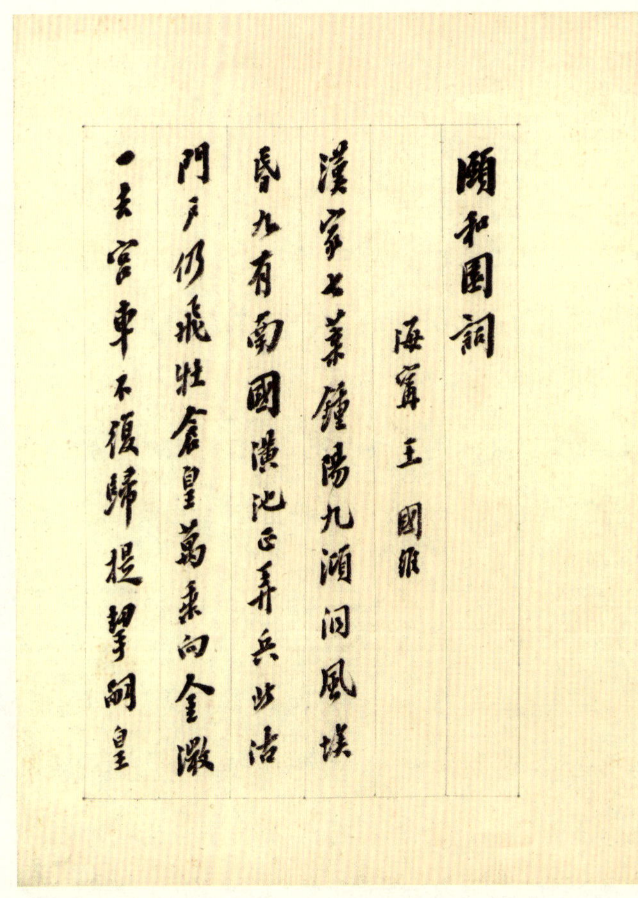

頤和園詞

海寧王國維

漢家七葉鍾陽九澒洞風埃
昏九有南國潢池正弄兵北沽
門戶仍飛牡倉皇萬乘向金微
一去宮車不復歸提挈嗣皇

王国维《颐和园词》

五十之年只欠一死經此世變義無再辱
我死後當草草棺歛即行藁葬於清華塋地汝
等不能南歸亦可暫於城內居住汝兄亦不必
奔喪因道路不通渠又不曾出門故也書籍可
託陳吳二先生處理家人自有人料理必不至不能
南歸我雖無財產分文遺汝等然苟謹慎
勤儉亦必不至餓死也
五月初二日父字

王国维遗书

王国维在赴死前一天写下遗书，临行前装在自己的衣袋内。6 月 3 日下午 4 时，“天气渐热，阴云四布，雷声频作”，清华的学生们齐候遗体旁 3 小时后，检查官才到。遗书发现于内衣袋中，外有信封，上书“送西院十八号王贞明先生收”，王贞明为王国维三子，是当时其在京最年长的儿子。王国维到颐和园时，曾雇校中编号洋车，请车夫在园门等候，按王一向思维严密推断，其必知车夫会寻找并回校报告，因此地址至为简略。

遗书全文 122 字，行文竖写，共 8 行，全文如下：

五十之年，只欠一死，经此世变，义无再辱。我死后，当草草棺敛，即行藁葬于清华茔地。汝等不能南归，亦可暂于城内居住。汝兄亦不必奔丧，因道路不通，渠又不曾出门故也。书籍可托陈、吴二先生处理，家人自有人料理，必不至不能南归。我虽无财产分文遗汝等，然苟谨慎勤俭，亦必不至饿死也。

五月初二日父字

1951 年，王国维的学生，时任北京图书馆善本部主任的赵万里先生恳请王国维之子王仲闻将其父手稿捐给图书馆。不久，王仲闻将王国维的珍贵遗墨手稿一百余件都捐予了北京图书馆，同时捐赠的还有包括罗振玉、顾颉刚、胡适、梁启超、沈增植、容庚、唐兰等名家在内的各界朋友写给王国维的信札几百通。捐赠的王国维手稿中有其代表作《人间词》《人间词话》《观堂集林》等。

这份遗书没有函封，只有遗书一纸，长 26.4 厘米，宽 16.9 厘米，裱在一个长 38 厘米、宽 21 厘米的对折纸板内。这份遗墨绝笔以毛笔手书，字迹清晰。由于湖水的浸染，可看到染在另一边依稀模糊的反字，还可见入封时的叠痕。另外还有两个相同纸板，其中一个以铅笔画方格，有罗振玉毛笔直接书写的题款：“海宁王忠悫公遗墨，公完大节后逾月／上虞罗振玉署”，并钤“罗印振玉”阴文方章；另一纸板为无字白折。这两件纸板应是

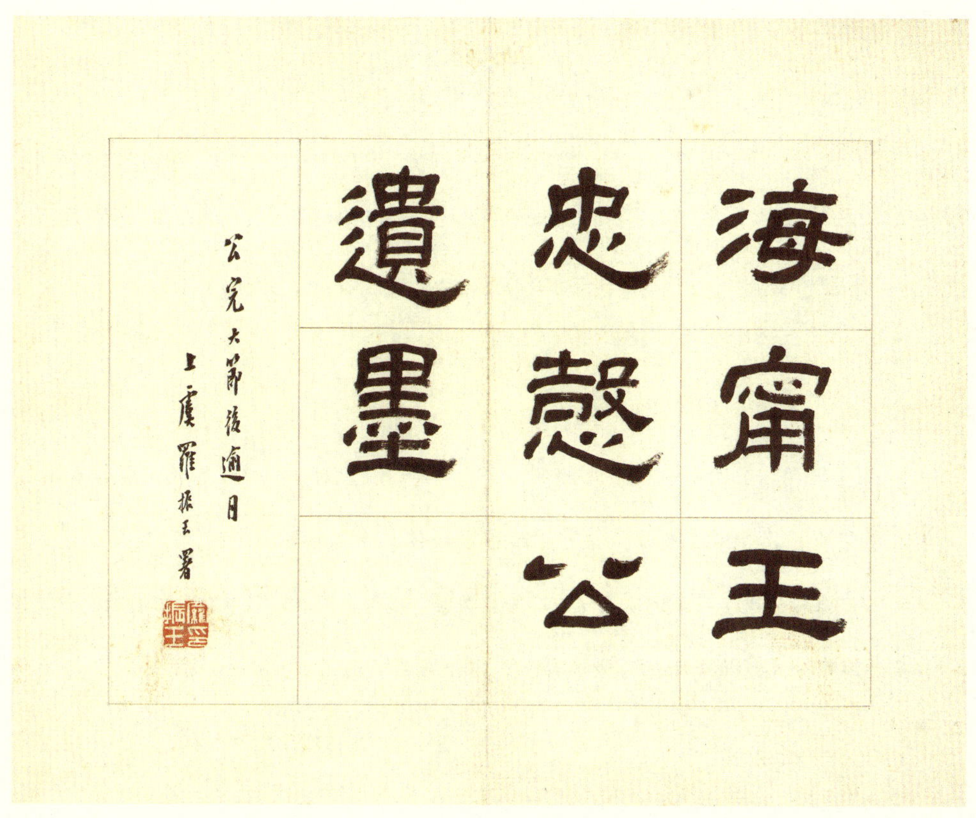

罗振玉题“海宁王忠慤公遗墨”

出于罗振玉的设计，以备题咏之用，但这种装帧形式是只为收藏，还是为在某种场合摆放以供瞻仰，其中一折内为何没有题咏，还有待研究。

国家图书馆藏左联烈士手稿

孙　俊

1931 年 2 月 7 日，中国左翼作家联盟的五位作家柔石、胡也频、殷夫、李伟森、冯铿被国民党反动派秘密杀害于上海龙华，后人称之为“左联五烈士”。国家图书馆珍藏有柔石、殷夫、冯铿三位左联烈士的手稿，它们是由当时同样身处险境的鲁迅先生精心保存下来的。鲁迅在《白莽作〈孩儿塔〉序》中曾说：“一个人如果还有友情，那么，收存亡友的遗文真如捏着一团火，常要觉得寝食不安，给它企图流布的。”20 世纪 50 年代，国家图书馆馆员冯宝琳多次与许广平、冯雪峰联系，最终征集到柔石、殷夫、冯铿三位烈士的珍贵手稿。

柔石 (1902—1931)，浙江宁海人，原名赵平福，后改名平复，化名少雄，笔名柔石，中国共产党党员。柔石在左联五烈士中年龄稍长，“他躲在寓里弄文学，也创作，也翻译”，一生留下 55 万字的创作作品和 63 万字译作。国家图书馆共收藏柔石手稿 6 种，分别为创作《诗稿》《诗剧》，译作《老老鼠》《金牙齿》《物事》《永远的流配》。其中《诗稿》

好的夢。」

阿克昔諾夫一笑，說，「你恐怕我到了那边又去花天酒地的喧鬧罢。」

他的妻又說，「我也不知道我為什么恐怕；但是我只知道有一個不好的夢。我夢你從那鎮回來，當你脫下你的帽子，我看見你的頭髮是完全白了。」

P.1

阿克昔諾夫又笑。「這是好運的預兆。」他說，「試試看我不會全部賣掉我的貨色，從那边帶了你的許多贈品來。」

於是他向他全家說声再会，驅車而去了。

當他走到半路，遇見他認識的一位商人，當夜他們就同一個旅館住下。他們一同吃了点心之後，就在隔壁房各自去睡了。

阿克昔諾夫沒有遲睡的習慣，願意天还很涼就走路，因東方發白以前他就叫醒馬車夫，叫他將馬預備好。

於是他就動身，經过旅館主人那裡，（他住在房子的後面）付了帳，繼續他的旅行。

當他走了廿五里路的樣子，因為馬子要餵草料停下來。阿克昔諾夫順便在旅館裡休息一下，於是走出向廊進去，而且，請他泡一壺茶，拿出他的六弦琴來彈了起來。

上海四馬路棋盤街藝學社製

大多为未刊稿，《诗剧》是以自由体诗的形式写成的四幕剧本。《诗剧》原稿题目已佚，可能就是鲁迅《柔石小传》中提及的《人间的喜剧》，该剧以独特的诗歌语言、戏剧的模式抒发了对人生、社会、生死的深刻感悟。《老老鼠》，在《柔石著译系年目录》《柔石著译书目》中著录为《老耗子》，与《物事》一起，曾多次随鲁迅著作一同出版。《永远的流配》和《金牙齿》两篇译稿，在《柔石著译系年目录》《柔石著译书目》《柔石作品未印目录》中都未著录。

殷夫（1909—1931），浙江象山人，原名徐柏庭，又名徐祖华、徐白，笔名白莽、殷夫、任夫等。中国共产党党员，左联五烈士中最年轻的一位。国家图书馆藏有殷夫手稿 1 种，即其代表作《孩儿塔》，手稿中还有女画家白波所绘插图画稿 9 幅。《孩儿塔》是殷夫的第一部诗集，也是他最具代表性的作品。诗集于 1930 年编定，收录诗人 1924 年至 1929 年的主要作品，共计 65 首。作者生前并未得以刊行。诗中吟诵爱情、讴歌友谊、抨击时政，形象地展现了诗人追求光明、憧憬自由的艰辛历程和思想情怀。

柔石译稿《永远的流配》

鲁迅称赞《孩儿塔》“是东方的微光，是林中的响箭，是冬末的萌芽，是进军的第一步，是对于前驱者的爱的大纛，也是对于摧残者的憎的丰碑”。

冯铿（1907—1931），广东潮州人，又名岭梅。中国共产党党员，左联五烈士中唯一的女性。1925 年初，冯铿开始在《岭东民国日报》副刊上发表习作。1925 年到 1928 年间，写了不少诗、散文和短篇小说。其作品揭露了贫富悬殊的社会矛盾，发出了反抗旧社会、要求妇女解放的呼声，有力控诉了旧社会人压迫人的腐朽制度。国家图书馆藏有冯铿手

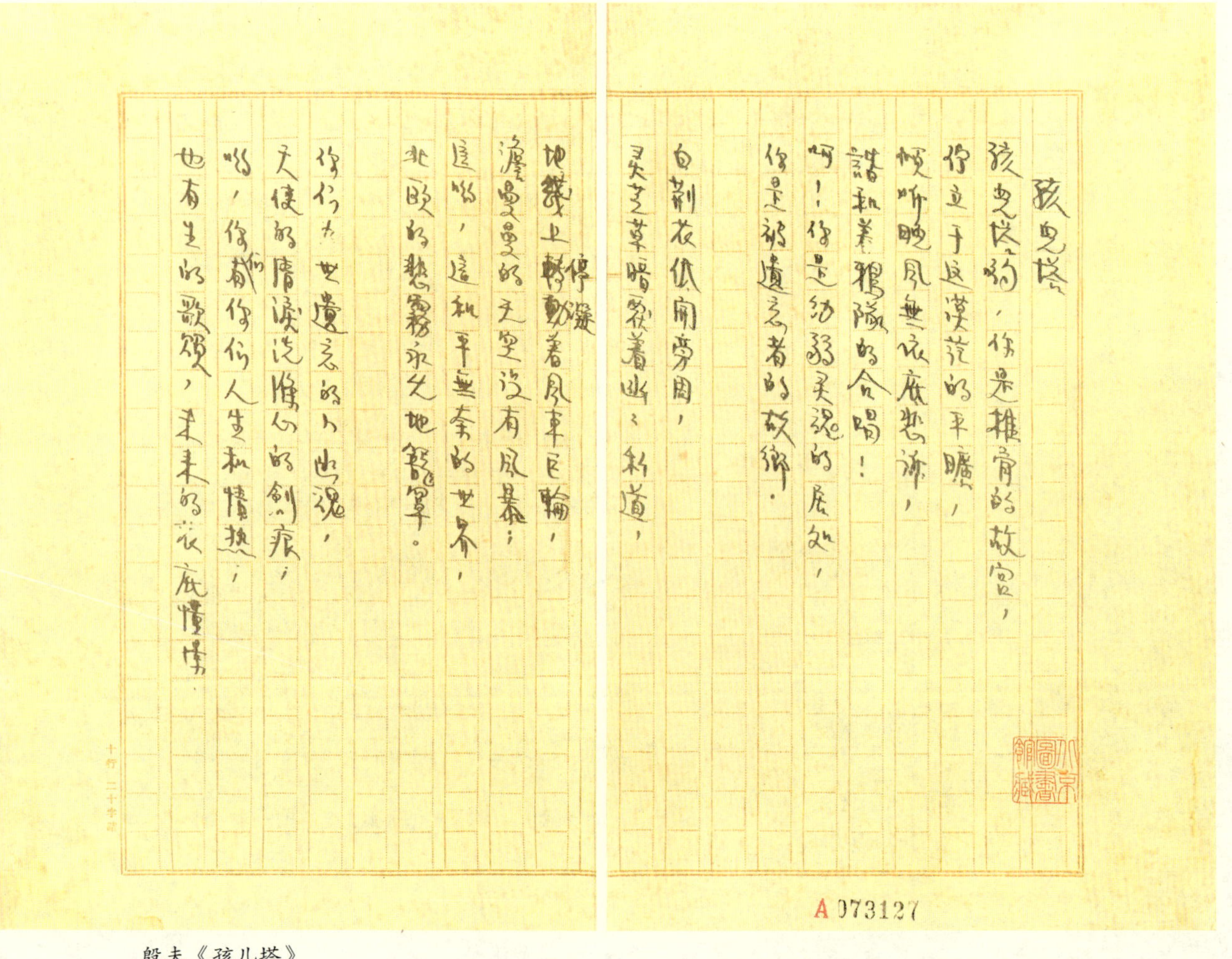
孩兒塔

孩兒塔喲，你是稚骨的故宮，
佇立於這漠茫的平曠，
傾聽晚風無依底悲訴，
諧和着鴉隊的合唱！
呵！你是幼弱靈魂的居處，
你是被遺忘者的故鄉。

白荊花低開旁周，
靈芝草暗覆着幽幽私道，
地線上停凝着風車巨輪，
淡曼曼的天空沒有風暴；

這兒，這兒平無奈的世界，
北歐的悲霧永久地籠罩。

你們為世遺忘的小幽魂，
天使的清淚洗滌心的創痕；
哦，你們有你們人生和情熱，
也有生的歌頌，未來的花底憧憬。

十行 二十字

般夫《孩儿塔》

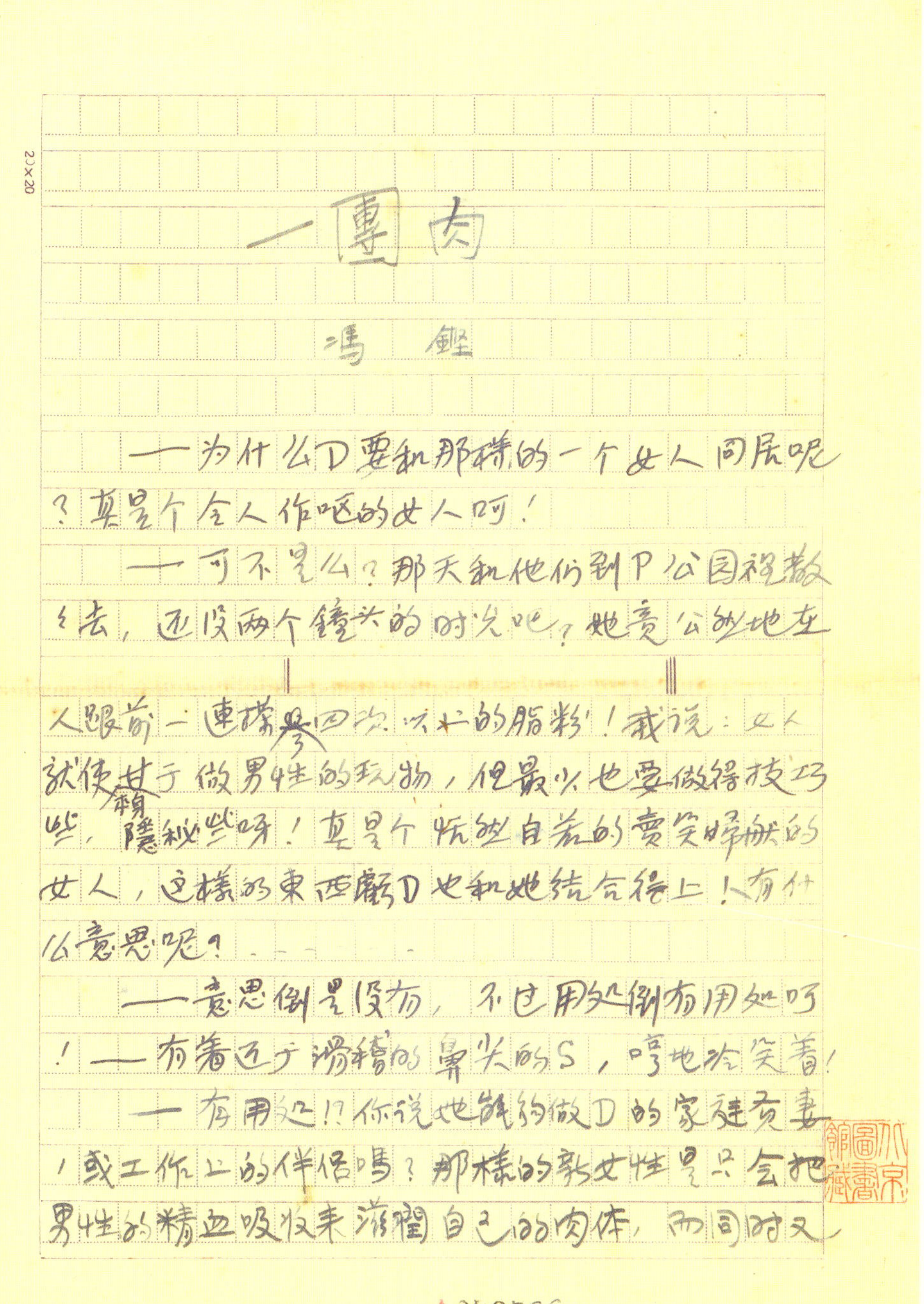
一團肉

馮鏗

——为什么D要和那樣的一个女人同居呢？真是个令人作呕的女人呵！

——可不是么？那天和他们到P公园裡散散去，还没两个鐘头的时光吧？她竟公然地在人跟前一連搽了四次以上的脂粉！我说：女人就使甘于做男性的玩物，但最少也要做得技巧些，隱秘些呀！真是个恬然自若的賣笑婦般的女人，这樣的東西難D也和她结合得上！有什么意思呢？……

——意思倒是没有，不过用处倒有用处呵！——有着过于滑稽的鼻尖的S，哼地冷笑着！

——有用处！？你说她能够做D的家庭贤妻，或工作上的伴侣嗎？那樣的新女性是只会把男性的精血吸收来滋潤自己的肉体，而同时又

冯铿《一团肉》

稿《最后的出路》《胎儿》《一团肉》3 种，入藏时除了《最后的出路》曾部分刊载，基本都是未刊稿。此外，还有冯铿的男友许峨抄录的 5 首诗:《斜阳里》《汝赠我白烛一枝》《晚祷的钟声》《这凄凉的黄昏》《听，听这夜雨》，都是冯铿创作于 1926 年的作品。

国家图书馆名家手稿文库收藏的左联烈士手稿，是拉近今人和先烈距离的一座桥梁，是年轻烈士们最宝贵的生命记忆。

柳亚子与南社文献

孙 俊

20世纪50年代，柳亚子将包括《南社纪略》(手稿)、《南社入社书》在内的南社文献捐赠国家图书馆，更多的人可借此了解、研究南社的历史。

南社是中国近代史上著名的革命文学社团，1909年11月13日在苏州虎丘张国维祠成立，发起人为陈去病(1874—1933)、高旭(1877—1925)、柳亚子(1887—1958)。其社名取“对北而言，寓不向满清之意”(陈去病《南社长沙雅集纪事》)。高旭《无尽遗集序》中说，当“胡虏猖獗时，不佞与友人柳亚庐、陈去病于同盟会后，倡设南社，固以文字革命为职志，而意实不在文字间也”。而柳亚子在《新南社成立布告》中宣称：“它底名字叫南社，就是反对北庭的标志了。”南社的发起人把创社宗旨与反清革命斗争紧密联系起来，并在实践中与孙中山领导的同盟会相配合，以文学为武器，鼓吹民族独立与民主共和，在辛亥革命、反袁斗争中发挥了积极作用，因而被誉为“同盟会的宣传部”。南社以苏州、上海为活动中心，辐射全国各地，辛亥革命前有社员二百余人，辛亥革命后发

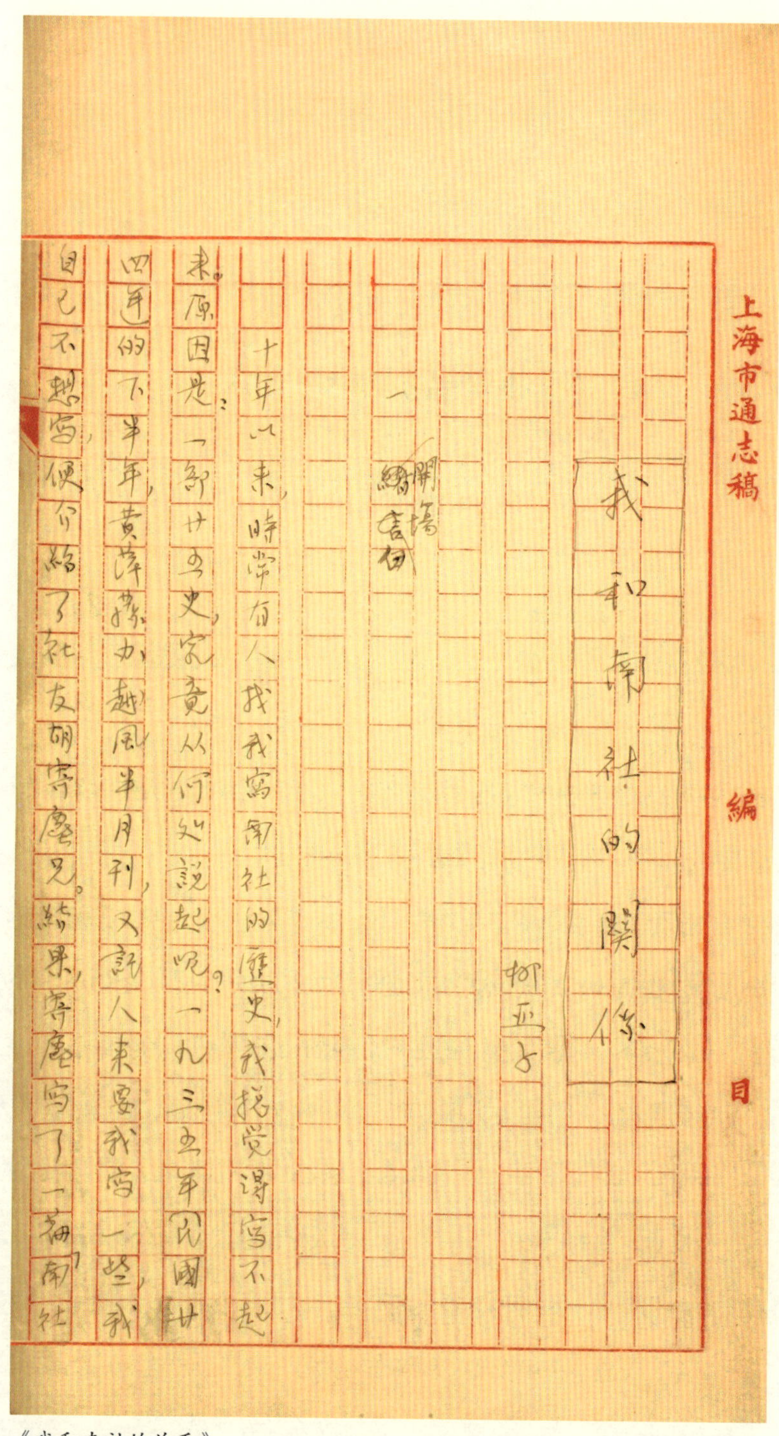

上海市通志稿 編目

我和南社的關係

柳亞子

一 開場白

十年以來，時常有人找我寫南社的歷史，我總覺得寫不起來。原因是：一部廿五史，究竟从何處說起呢？一九三五年民國廿四年的下半年，黃萍蓀辦越風半月刊，又託人來要我寫一些，我自己不想寫，便介紹了社友胡寄塵兄。結果，寄塵寫了一篇南社

《我和南社的关系》

展至千余人，革命党人之好文学者多列籍其中。1923年南社解体。之后又有新南社、南社湘集、南社闽集等组织成立，前后延续30余年。

柳亚子不仅是南社的发起者、自始至终的经历者，而且还是南社最早的研究者、南社文献的保存者。他保存了南社社员入社书、南社雅集照片、历次选举选票等珍贵史料。正是在对南社史料全面收集、充分研究的基础上，柳亚子才得以完成记述南社历史的开山之作《南社纪略》。

《南社纪略》对南社的酝酿、成立、兴盛、解体作了较为详尽的描述，该书于1940年11月交付开华书局主人高尔松、高尔柏排印。书中以《我和南社的关系》一文最为重要，占全书篇幅的十分之七。其余有《读〈南社补记〉后答张破浪先生》《我和朱鸳雏的公案》《南社雅集在上海》《我对南社的估价》《关于新南社及其他》《南社纪念会聚餐记》《南社大事记》，上述七文均作于1935年底至1936年初。另有附录《南社社友姓氏录》《新南社社员录》。

南社的组织实际是较为松散的，但其之所以在中国近现代史上影响深远，人的因素最为重要。南社成员中涌现出了众多风云人物，如革命家黄兴、宋教仁、陈其美、廖仲恺、于右任、何香凝，政法界沈钧儒、戴季陶，文学艺术界吴梅、黄宾虹、沈尹默、刘半农、包天笑、茅盾、周瘦鹃、欧阳予倩，宗教界苏曼殊、李叔同，新闻出版界姚石子、胡朴安、邵飘萍、成舍我，教育界马叙伦、陈望道，天文学家高平子和翻译家周超然等等。在数十家报刊中，作为创办人、主持人或者重要主笔的南社社员，计有百数十人。

研究南社成员最重要的档案资料便是《南社入社书》，它是社员入社时的凭证。南社第一、二次雅集时，每人交来介绍个人情况的纸张大小不一、形状各异、内容无序，第三次雅集（1910年）后，入社书规格内容才得以统一。入社书内容分六栏：姓名、年龄、籍贯、住址、通讯处、介绍人。现存入社书1100余份。1910年至1923年的入社书经柳亚子整理之后，交由印刷厂装订成11册，以黑漆硬皮作封面，颇为规整。

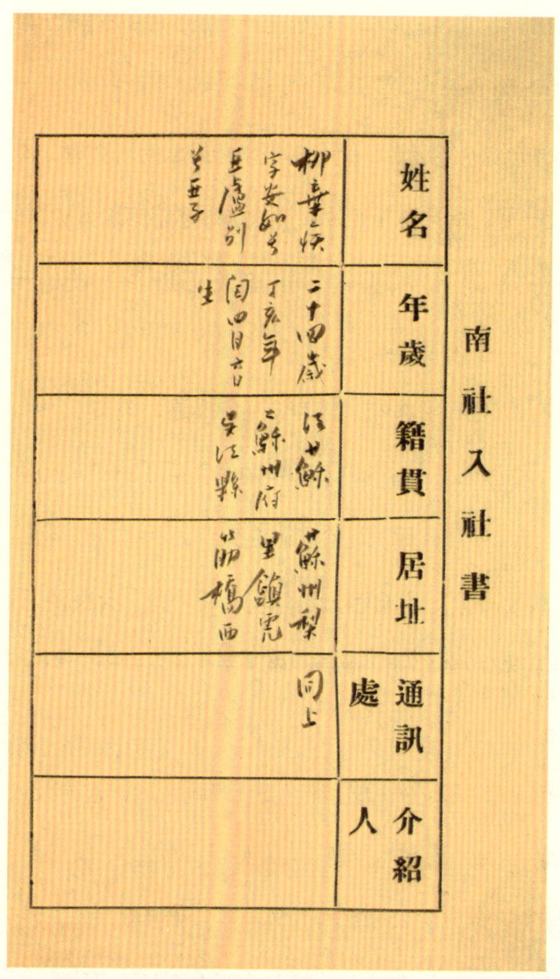

南社入社書

姓名	柳棄疾 字安如 號亞盧 別號亞子
年歲	二十四歲 丁亥年閏四月六日生
籍貫	江蘇蘇州府吳江縣
居址	蘇州黎里鎮[illegible]橋西
通訊處	同上
介紹人	

《南社入社书》

柳亚子在编写《南社纪略》一书时，曾将《南社入社书》按交来的顺序编成《南社社友姓氏录》作为附录。此稿交付开华书局后，高氏兄弟觉得这份资料只能表示入社的先后，多少号是某某人，于是他们又按姓氏笔画重排了一份《南社社友姓氏录》用于出版，但错讹较多。一直以来，南社研究者在利用这份参考文献的同时，也在不断地纠正其中的错误。因此，《南社入社书》作为原始史料，其校勘价值就更值得重视。

冯友兰先生的两部手稿

李小文

冯友兰所著《新世训》和《新原道》两部手稿由冯宗璞、蔡仲德捐赠。《新世训》共2册，分别为162页和147页，为毛笔手书原稿，1940年2月序于昆明；《新原道》(一名《中国哲学之精神》)1册216页，为毛笔手书原稿，1944年6月写于昆明。

在抗日战争时期，冯友兰著有《新理学》(1939)、《新事论》(1940)、《新世训》(1940)、《新原人》(1943)、《新原道》(1945)、《新知言》(1946)等6部著作。作者取“以志艰危，且鸣盛世”之意，将这六部书称为“贞元之际所著书”，亦称“贞元六书”。冯友兰在自传中写道：“这六部，实际上只是一部书，分为六个章节。这一部书的主要内容，是对于中华民族的传统精神生活的反思。凡是反思，总是在生活中遇见什么困难，受到什么阻碍，感到什么痛苦，才会有的。如同一条河，在平坦的地区，它只会慢慢地流下去；总是碰到了崖石或者暗礁，它才会激起浪花。或者遇到了狂风，它才能涌起波涛。”

《新世训》原是冯友兰在《中学生》杂志上陆续发表的关于青年修养的系列文章，

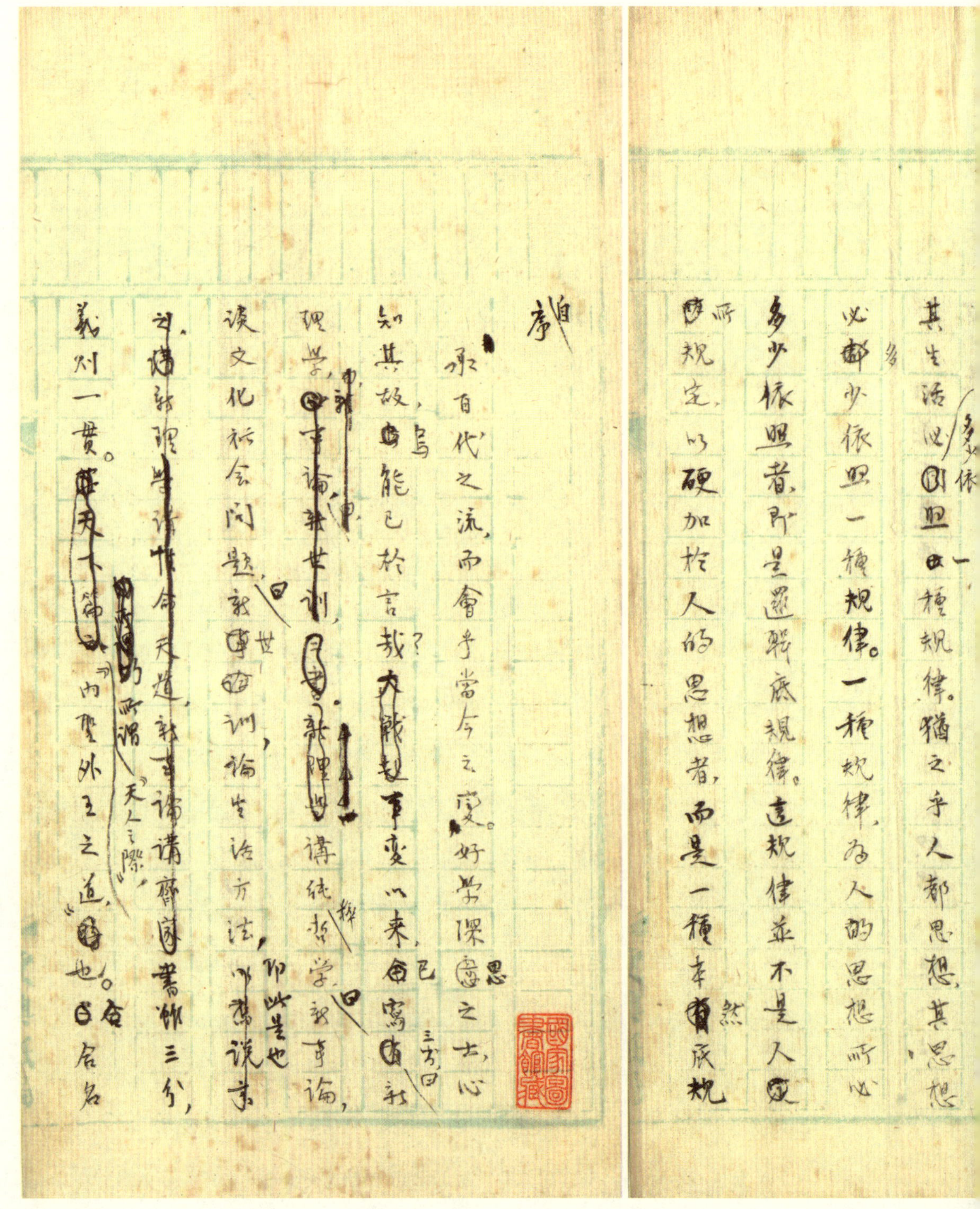
自序

承百代之流，而會乎當今之變。好學深思之士，心知其故，烏能已於言哉？事變以來，已寫三書。曰新理学，讲纯哲学。曰新事论，谈文化社会问题。曰新世训，论生活方法，即此是也。书虽三分，义则一贯。所谓"天人之際"，"内聖外王之道"也。合名

其生活必多依照一種規律。猶之乎人都思想，其思想所必多少依照一種規律。一種規律，為人的思想所必多少依照者，乃是邏輯底規律。這規律並不是人所規定，以硬加於人的思想者，而是一種本然底規

新世训
绪论

冯友兰《新世训》

于 1940 年结集出版，题名“新世训”，共收《尊理性》《行忠恕》《为无为》《道中庸》《守冲谦》《调情理》《致中和》《励勤俭》《存诚敬》《应帝王》十篇。冯先生认为，这类文章类似旧时“家训”，不过在以社会为本位的现实中，读者的范围扩大了，故称“世训”。冯友兰晚年对此书评价不高，认为该书所讲主要是一种处世术，没有什么哲学意义；境界也不高，不过是功利境界中的一种成功之路。事实上，冯友兰在此书中把人的本质明确定义为理性，进而提倡一种理性自觉的人生精神；在此前提下，结合现代生活情境，通过理性的分析方法，多角度地阐发以宋明理学为核心的传统道德观念。《新世训》在基本精神和具体方法上对实现中国传统文化的现代转换皆有重要的启示意义，直到今天仍有重要的现实教育意义。

《新原道》则创作于抗战后期，当时国立编译馆为向国外宣传中国文化，约请冯友兰撰写一部简明的中国哲学史。冯友兰就用“极高明而道中庸”这句话为线索，也即是以“境界说”为分析框架，重新审视、诠释、评价中国哲学，说明中国哲学的发展趋势。写成以后，题名“新原道”，副题“中国哲学之精神”。但编译馆的丛书计划最后并未实现，《新原道》于 1945 年由商务印书馆出版，又由英国牛津大学休斯翻译，于 1947 年以“中国哲学之精神”为书名在伦敦出版，此后又在英、美等国多次重版。

冯友兰在《新原人》中系统地提出并阐发了“境界说”，在《新原道》中，“境界说”是冯友兰重新阐释中国哲学史的新视角和新的方法论。《新原道》于“绪论”之外，依历史的顺序，叙述了儒、墨、名、道、法、阴阳诸家，玄学、禅宗、道学等各派学说，并从“境界说”的立场出发，评定它们的价值。最末一章“新

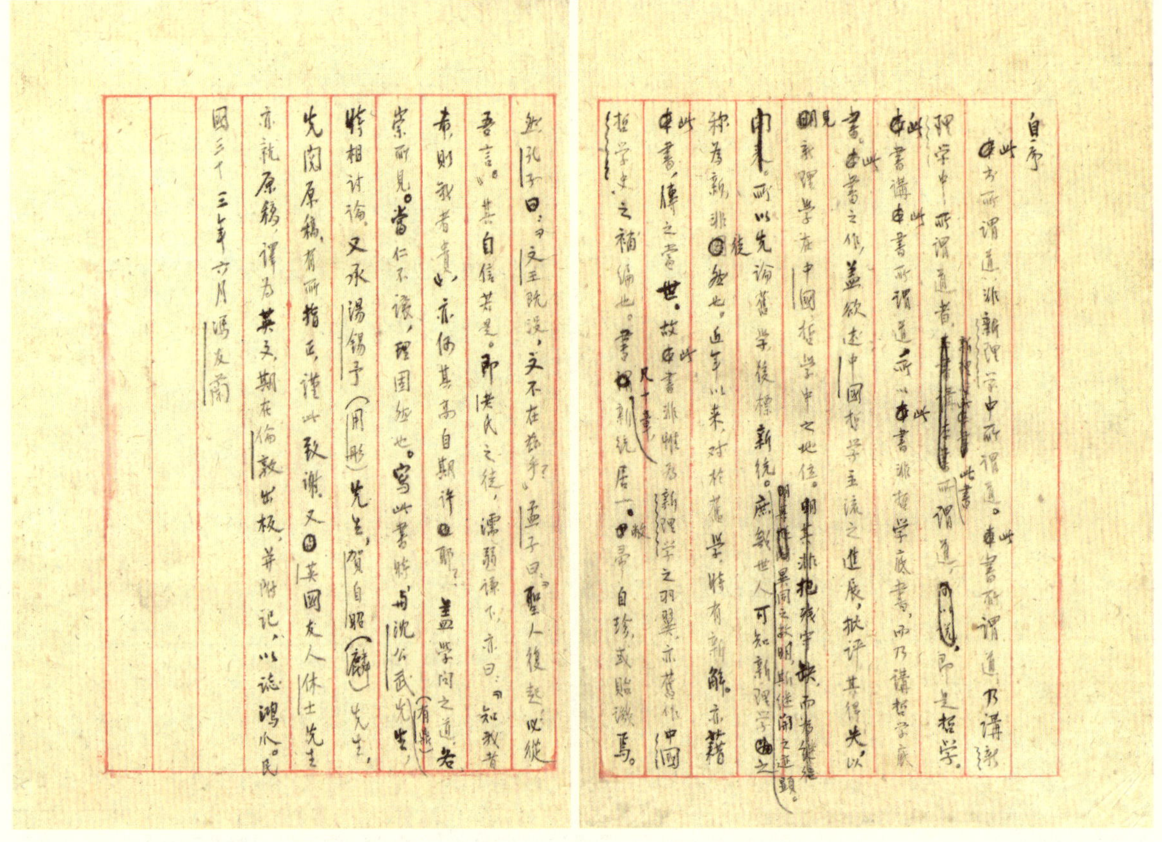

统”，讲冯友兰自己的“新理学”。冯友兰认为自己的“新理学”直接“宋明理学”，是中国哲学精神在当代的新进展。其意思是想说明“新理学”是“接着”道学讲的。它接着讲的方法并不是使道学更复杂，而是使道学更简单。《新统》说它只要四个基本概念：一个是“理”，一个是“气”，一个是“道体”，一个是“大全”。它认为哲学的作用就是提高人的精神境界。为了达到这个目的，这四个基本概念也就够了。《新原道》是冯友兰“境界说”在哲学史方面的展开，在新的基础上阐发了中国哲学的人文精神。《新原道》是中国哲学精神的高度概括，是一部简明扼要、见解独到的中国哲学史，也是构成冯友兰新理学哲学体系的一部重要著作。

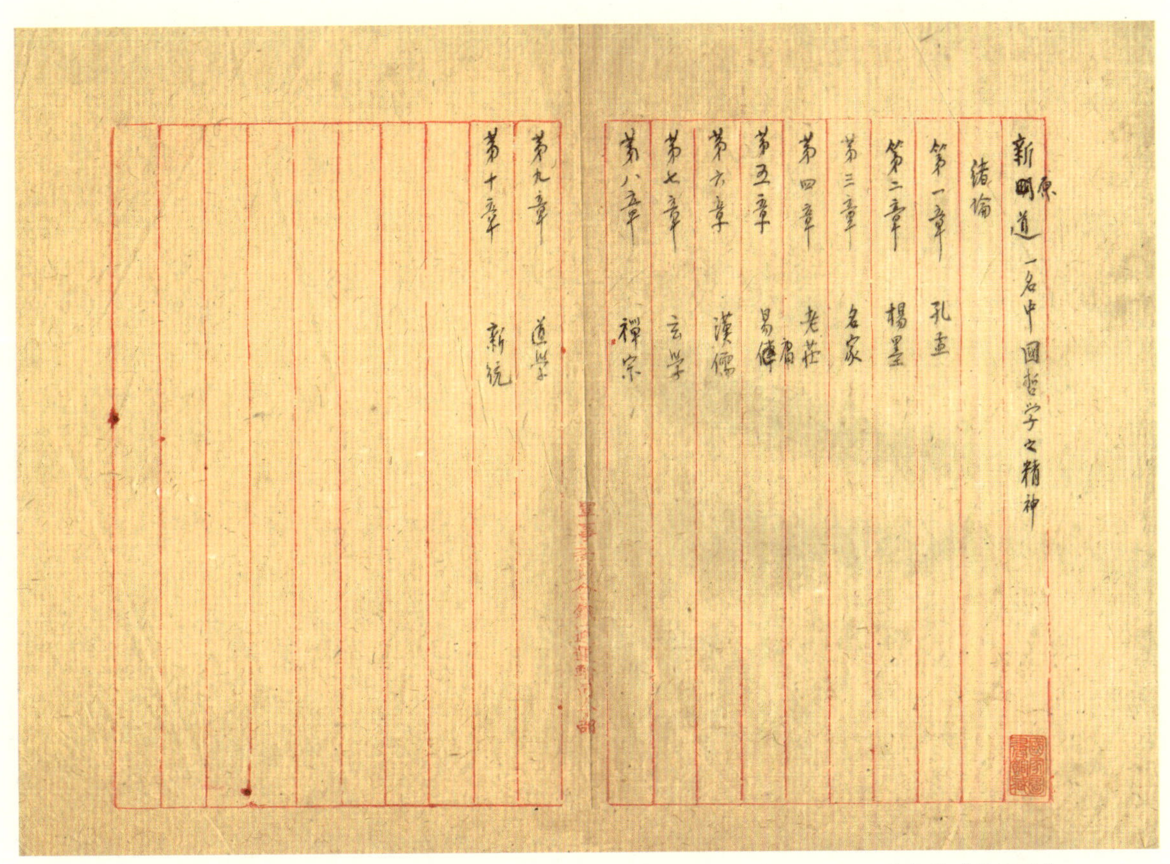
新原道 一名中國哲学之精神
緒論
第一章 孔孟
第二章 楊墨
第三章 名家
第四章 老莊
第五章 易傳庸
第六章 漢儒
第七章 玄学
第八章 禪宗
第九章 道学
第十章 新統

冯友兰《新原道》

《新世训》和《新原道》两部手稿写成距今已经七十余年了，它完成于烽火连天的抗战岁月，被主人从云南带到北京，又在“文化大革命”时期大量书籍著作散失的情况下，侥幸躲过一劫，完整地保存到今天，实在是万分幸运和珍贵。

十二位史学家的《中国历史参考图谱》题词手稿

李小文　孙　俊

国家图书馆名家手稿文库收藏的十二位史学家的《中国历史参考图谱》题词手稿，是由郑振铎夫人高君箴女士捐赠的。这十二件手稿装于一个牛皮纸袋中，均为毛笔手书，多写在不甚考究的白纸上，少数用专门笺纸，落款日期在1947年3月9日至12日之间，署名有郭沫若、周谷城、王国秀、王伯祥、丁山、吴晗、王庸、翦伯赞、周予同、贺昌群等十人，有一篇虽未署名，但用“顾颉刚用笺”，可推知其主为顾颉刚，另有一篇作者阙如。这些题词都热情地称赞了郑振铎编撰的《中国历史参考图谱》。

郑振铎在1947年3月9日的日记中写道：“近午，伯祥、伯赞、谷城、予同、沫若诸人陆续来，谈笑甚欢，酒喝得不少。四时许，客始散尽。他们写了不少介绍词。”《郑振铎年谱》则有更详细的叙述：“本日郑振铎在家宴请史学界朋友，请他们支持出版《中国历史参考图谱》，这些著名史学家都高度赞扬郑振铎这一意义巨大的工程。郭沫若题词指出……翦伯赞指出……周予同指出……吴晗指出……当时为郑振铎题词的史学家还有顾颉刚、周谷城、王伯祥、贺昌群、王国秀、王庸、丁山、向达等人，后发表于 4 月 1 日《文艺复兴》月刊第 3 卷第 2 期及 5 月 1 日上海《大公报》上。”由此可知，这批珍贵题词有的写于 3 月 9 日聚会当天，也有此后几日内陆续完成的，而作者阙如的题词则出自向达之手。

抗战胜利后，郑振铎在书店看到日本人石田干之助编的《东洋历史参考图谱》，于是拟编一部《中国历史参考图谱》。在方行、刘哲民等人支持下，邀集李健吾、王辛笛等友人，合资成立“中国历史参考图谱刊行会”。1947 年 1 月，郑振铎开始编写《图谱》，同时募集资金，策划《图谱》由上海出版公司发行，计划每月出 2 辑，每辑附说明 1 册，

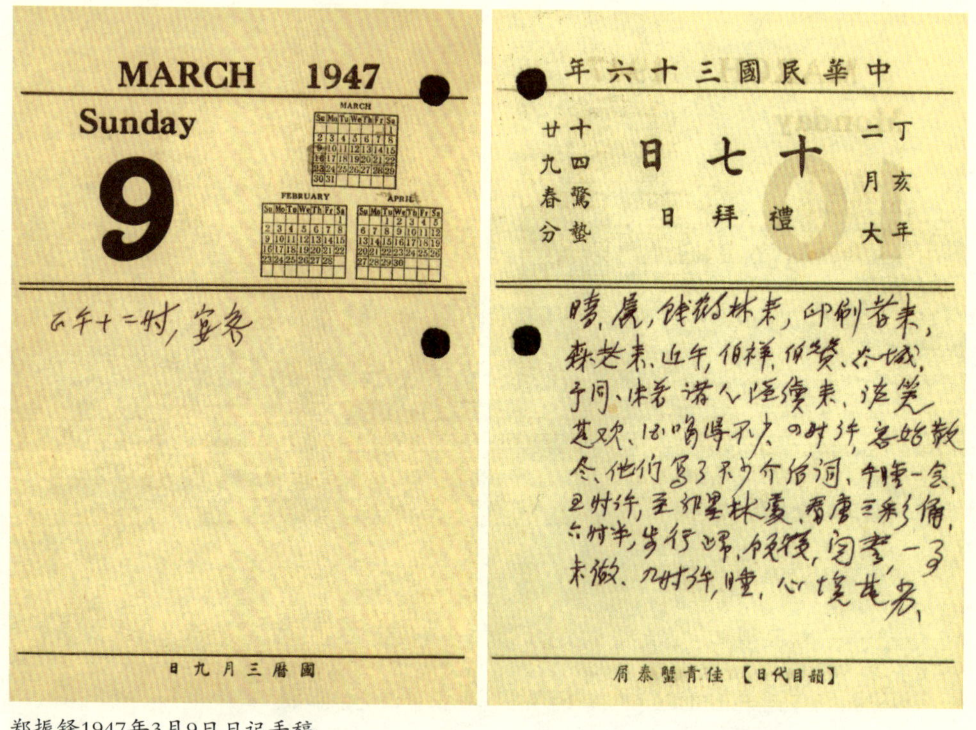

郑振铎1947年3月9日日记手稿

中國人誰都應該研究中國歷史，要研究中國歷史，最好是參考圖譜。鄭振鐸先生以數年的精神編纂這部「中國歷史參考圖譜」實在是一項偉大的史建設工程。這是應該國家做的

郭沫若　三月九日

郭沫若《中国历史参考图谱》题词手稿

喜。」而其所作的工作，也逐漸與好細腰玩小腳同其流品。既說不上提高學術研究的水準，更談不到知識的普及與公開。這是半世紀以來中國學術上的一個悲劇，也是我們的不幸。

西諦的新著中國歷史參考圖譜出版了。這是近五十年來中國歷史研究的又一新頁。將中國歷史知識，無論是舊有的或新發現的，予以普遍化和大眾化。使歷史成為一有生命有人性的科學，而不再是禁閉在深宮，只供一些大人先生欣賞贊嘆，拍案叫絕的玩物。我們學歷史的人對此固然歡喜不置，而一般人得見所未見，也當感到同樣的高興。

在歷史研究上，圖譜和地圖年表都是極重要而必需的工

介紹中國歷史參考圖譜

近■五十年來，中國的歷史研究有很大的進步。如新史料之發現，考古學語言學之逐漸為人注意，發達，而與歷史研究發生密切的聯繫，這都是五十年前作歷史研究的人所夢想不到的。但是一些應該被揚棄的渣滓也隨着進步而萌生孳長，這就是研究工作之把持和新材料之祕密。現在都說中國的財富集中於豪門，而不知道中國的學術研究也有同樣的趨勢。學術研究工作於受到政治的摧殘以外，再加上豪門大閥的把持，於是作研究工作的人在雙重壓迫之下，苟延殘喘，勉强圖存。其勢不能不成為「在人矮簷下，怎得不低頭」。結果所至，作研究工作的人只好「象憂亦憂，象喜亦

向达《中国历史参考图谱》题词手稿

1 年内出齐 24 辑。同年 3 月至 11 月，《图谱》陆续出版了 17 辑。剩余的 7 辑，则一直到 1950 年 12 月才全部出完。

刘哲民在回忆文章中写道："西谛先生编纂《中国历史参考图谱》这部巨编，当时有人誉为前不见古人、后不见来者的傻工作。的确难以想象，他编纂这部巨编自始至终是以一个人的精力完成的。在出版方面，他是做了一个出版社的全部工作，从校对、出版、财务、资料、广告、发行都是亲自一手完成，他的聪明智慧和过人精力是了不起的。"

郑振铎主持创办的《文艺复兴》自 1947 年 4 月起，连续 7 期刊载了《图谱》的巨幅广告。1947 年 4 月期以整版篇幅刊登除顾颉刚、向达两人之外的其余十家题词。自 6 月起，每期都刊载了包括顾颉刚、向达在内的十二家题词。而翻检《中国历史参考图谱》已出版的各个版本，只有郑振铎自己的序跋，未见这批题词。可见十二家题词专用于广告宣传，为《图谱》的发行扩大影响力。此外，郑振铎还公布预约《图谱》的重要机构，从侧面强调《图谱》的重要性和必备性，从中也体现出郑振铎作为出版家的当行本色。

手稿和用于《文艺复兴》的广告在部分词句的使用上存在一定的差异，如王国秀评价中"以供研究史学者参考并设有历史模型。例如读罗马史，即有完备的古代罗马城市的模型，使学生仿如身入其境，极感兴趣。我国历代的史书素乏图谱，历史教学者只能在书本文字中探讨推想一切社会的情形"。所有词句下带着重号的部分，在广告中均被删去。如手稿版郭沫若评价中"而郑先生以一人之力要把它完全"，广告中将"要"字删去。盖受报纸广告的篇幅、用词等限制，郑振铎以出版者的身份对这些介绍进行了一定程度的调整，以达到更恰到好处的宣传效果。

朱自清《闻一多全集序》手稿

孙　俊

“闻一多拍案而起，横眉怒对国民党的手枪，宁可倒下去，不愿屈服。朱自清一身重病，宁可饿死，不领美国的‘救济粮’。我们应当写闻一多颂，写朱自清颂，他们表现了我们民族的英雄气概。”毛泽东《别了，司徒雷登》一文高度赞扬了闻、朱二位先生的气节和风骨。闻一多遇难之后，朱自清与他人共同整理亡友遗著，出版了《闻一多全集》。这使得二位人物的名字更为紧密地联系在了一起。

1946 年 7 月 15 日，闻一多参加李公朴的治丧活动，发表了著名的《最后一次的演讲》。当天傍晚，在回西南联大宿舍途中，闻一多不幸遇害。西南联大回迁北平之后，清华大学随即成立了“整理闻一多先生遗著委员会”，朱自清、雷海宗、潘光旦、吴晗、浦江清、许维遹、余冠英担任委员，朱自清为召集人。

其实在 1946 年初，朱自清曾因写文章翻阅了闻一多的手稿。朱自清对于闻一多手稿的印象是：“闻先生的稿子却总是百分之九十九的工楷，差不多一笔不苟，无论整篇整段，

小的影響。他又在三十四年西南聯合大學[illegible]五四週的朗誦晚會上朗誦了艾青先生的「大堰河」，他的

學者的時期最長，鬥士的時期最短，然而他始終不失為一個詩人；而在詩人和學者的時期，他也始終不失為一個鬥士。本集裏承臧克家先生鈔來他三十二年的一封信，最可以見出他這種三位一體的態度。他說：

「我只覺得自己是座沒有爆發的火山，火燒得我痛，卻始終沒有能力（就是技巧）炸開那禁錮我的地殼，放射出光和熱來。只有少數跟我很久的朋友（如夢家）才知道我有火，並且就在「死水」裏感覺出我的火來。

或一句两句。不说别的，看了先就悦目。他常说钞稿子同时也练了字，他的字有些进步，就靠了钞稿子。”遗憾的是，仅隔半年，当朱自清再次阅读稿子时，已是替闻一多编辑遗著了。

为了整理这部《闻一多全集》，朱自清竭尽全力，他“搜集遗文，编缀校正，遗稿由昆（明）北运时，有一部分遭了水渍，请人逐页揭开，请人钞写。他拟定了目录，选编了尺牍，发表了许多篇未刊的遗著。并且，在他领导之下，动员了中国文学系全体同人，分钞分校，分别整理这集子以外的许多著作”（吴晗《闻一多全集跋》）。

1947 年 8 月，《闻一多全集》大体编成，朱自清为之作序。序文开篇即言：“闻一多先生为民主运动贡献了他的生命，他是一个斗士。但是他又是一个诗人和学者。这三重人格集合在他身上，因时期的不同而或隐或现。大概从民国十四年参加《北平晨报》的诗刊到十八年任教青岛大学，可以说是他的诗人时期；这以后直到三十三年参加昆明西南联合大学的五四历史晚会，可以说是他的学者时期，再以后这

合乎選家的資格的。是的，一個早年就寫得出「女神」的時代精神和「女神」的地方色彩那樣確切而公道的批評的人，無疑的是頗合乎選家的資格的。可惜這部詩選又是一部未完書，我們只能夠嘗鼎一臠！他最後還寫出了那篇「時代的鼓手」，讚頌田間先生的詩。這

朱自清《闻一多全集序》手稿

两年多，是他的斗士时期。学者的时期最长，斗士的时期最短，然而他始终不失为一个诗人；而在诗人和学者的时期，他也始终不失为一个斗士。”序文还总结了闻一多对于诗和文学的贡献。

然而，当《闻一多全集》于1948年8月底由上海开明书店出版时，朱自清已于8月12日积劳辞世。

国家图书馆藏《闻一多全集序》手稿系朱自清夫人陈竹隐捐赠。此外，闻一多夫人高孝真、五弟闻家驷慨然将闻一多遗稿171种255册于1954年赠予北京图书馆，现藏于国家图书馆名家手稿文库。

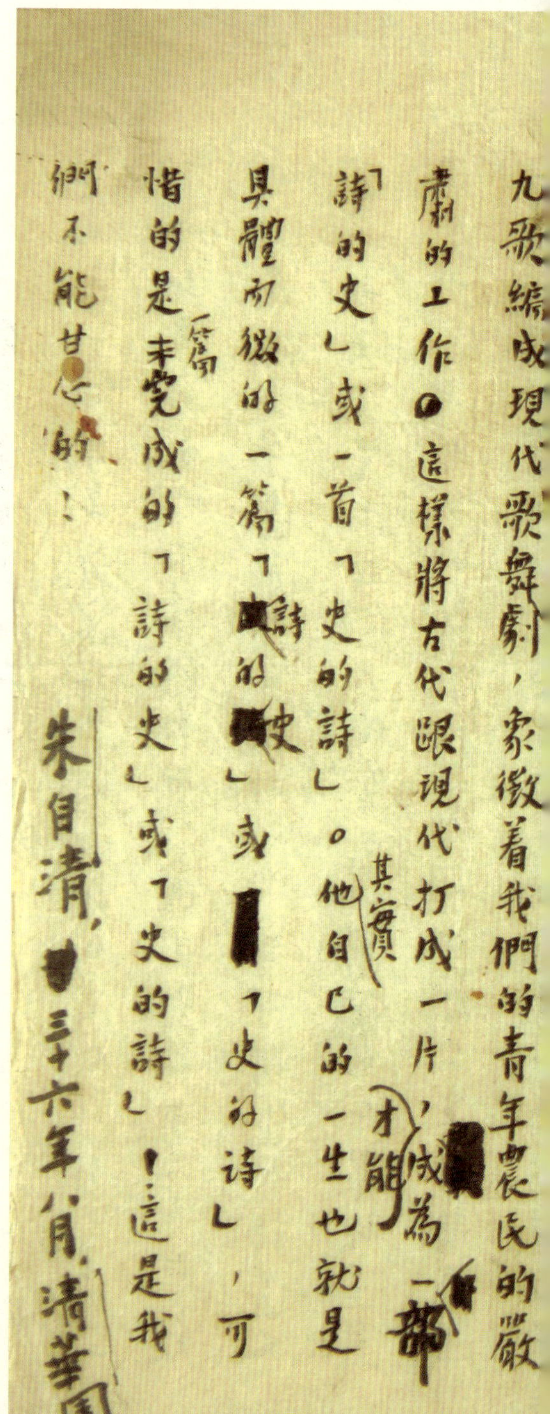
九歌編成現代歌舞劇，象徵着我們的青年農民的嚴肅的工作。這樣將古代跟現代打成一片，才能成為一部「詩的史」或一首「史的詩」。他其實自己的一生也就是具體而微的一篇「詩的史」或「史的詩」，可惜的是未完成的「詩的史」或「史的詩」！這是我們不能甘心的！

朱自清，卅六年八月，清華園。

朱自清《闻一多全集序》手稿

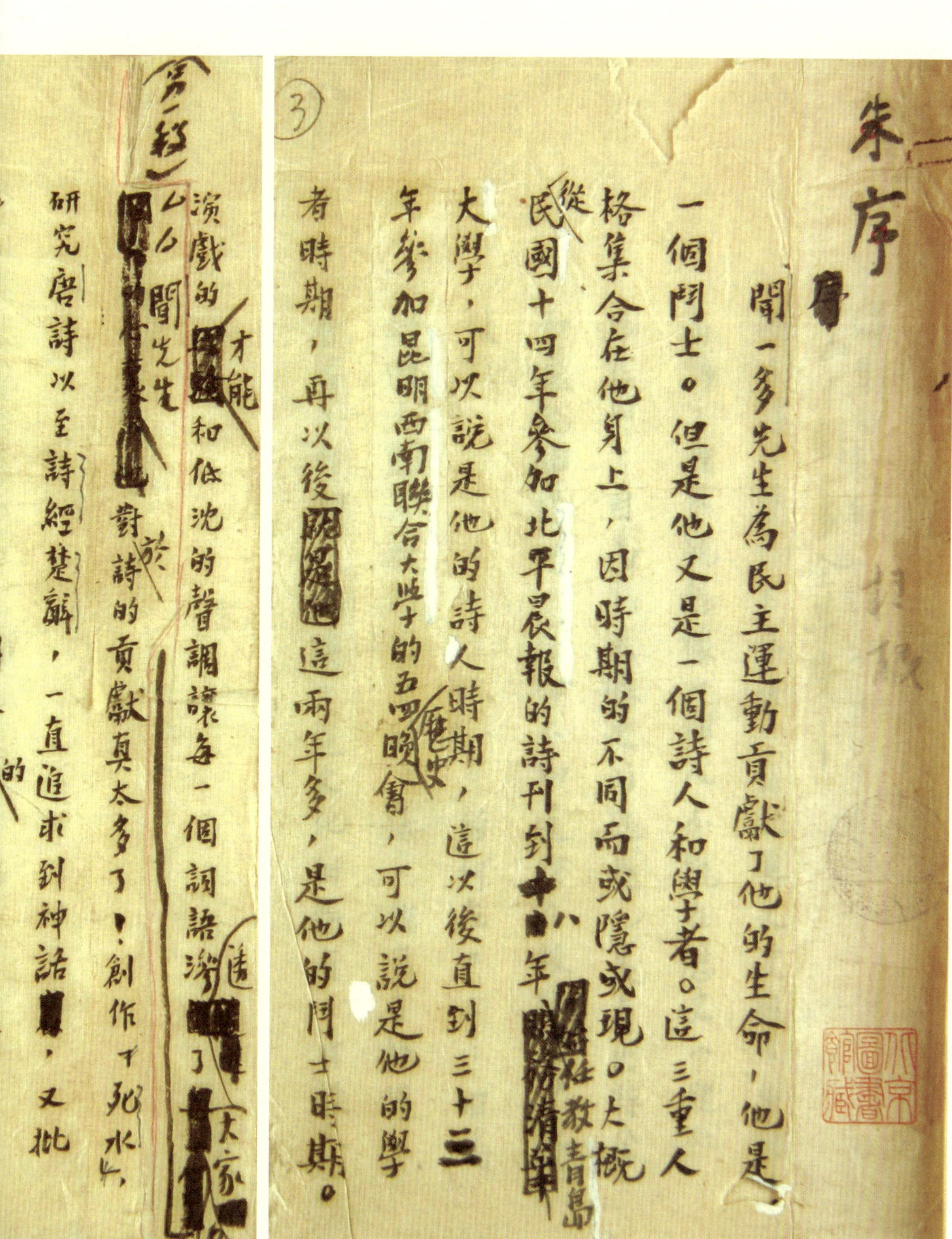

朱序

聞一多先生為民主運動貢獻了他的生命，他是一個鬥士。但是他又是一個詩人和學者。這三重人格集合在他身上，因時期的不同而或隱或現。大概從民國十四年參加北平晨報的詩刊到十八年任教青島大學，可以說是他的詩人時期，這以後直到三十三年參加昆明西南聯合大學的五四晚會，可以說是他的學者時期，再以後這兩年多，是他的鬥士時期。

（第一段）……聞先生……演戲的才能和低沈的聲調讓每一個詞語透了大家……對於詩的貢獻真太多了！創作了死水，研究唐詩以至詩經楚辭，一直追求到神話，又批

傅雷先生捐赠的谭小麟音乐手稿

李小文

在国家图书馆名家手稿文库中，只有谭小麟的手稿是写在五线谱上的音符，是可以演奏或歌唱的音乐旋律，也是手稿文库里唯一的音乐手稿。这批独特的音乐手稿是由著名翻译家傅雷先生捐赠的。

谭小麟（1911—1948），作曲家、琵琶演奏家。原籍广东开平，生于上海。自幼酷爱中国传统音乐，并学习二胡、琵琶等民族乐器。1932年入上海国立音乐专科学校，师从朱英主修琵琶，同时从黄自兼修理论作曲。1939年赴美深造，先后在欧柏林大学音乐学院和耶鲁大学音乐学院学习。1942年师从兴特密德专攻作曲，因其才华和勤奋，深得其师器重。

谭小麟熟悉西方作曲，又能与清雅而富有诗韵的中国民族风格相结合，其作品兼融中西古典音乐气韵，具有清秀隽永的独特风格。傅雷留学法国时专修艺术史，曾翻译《贝多芬传》《约翰·克利斯朵夫》等与音乐相关的著作，对西方古典音乐有着精深的造诣。在同时代的中国音乐家中，他特别欣赏谭小麟。傅聪曾说："现在我那里还有他（谭小麟）

一九六一年十一月廿六日自上海雙掛號寄至

北京　國立北京圖書館　下列各件

甲、作品

一、故作曲家譚小麟音樂原稿（一部分係藍圖）　86頁　分裝二袋

二、已抄而即可製版之樂譜　108頁（一袋）

三、樂理練習及殘稿　71頁

乙、文件

一、故作曲家譚小麟簡歷及遺作保存經过　二紙

二、遺作目錄　二紙

三、耶魯大學音樂系之主任為譚小麟事與傅雷信件　一紙

四、兴特密德為譚氏事與傅雷信件　一頁（四面）

五、兴特密德为譚氏遺作所写序文　一頁

六、美新聞處对譚氏介紹材料　一頁（僅一段十三行）

經手人　傅雷　上海江蘇路二八四弄五號

傅雷捐赠谭小麟音乐手稿目录

前為亡友譚小麟遺下音樂作品久存敝處，恐遭散失，特函請
文化部 夏衍副部長與 貴館聯系保管事宜；已接
文化部十一月十七日指示，囑將譚氏全部作品即寄
貴館。因特另郵雙掛號寄上作品及文件共壹大包，敬希
检收，作為手稿編號保存；並乞 賜予正式收據為感。
倘蒙 將編號附告，尤為感幸！ 此致
北京圖書館館長先生
傅雷拜上 一九六一年十一月廿六日
上海江蘇路二八四弄五號

寄上各件清單附函呈上。另有同式一份附在包內。

傅雷致北京图书馆信件手稿

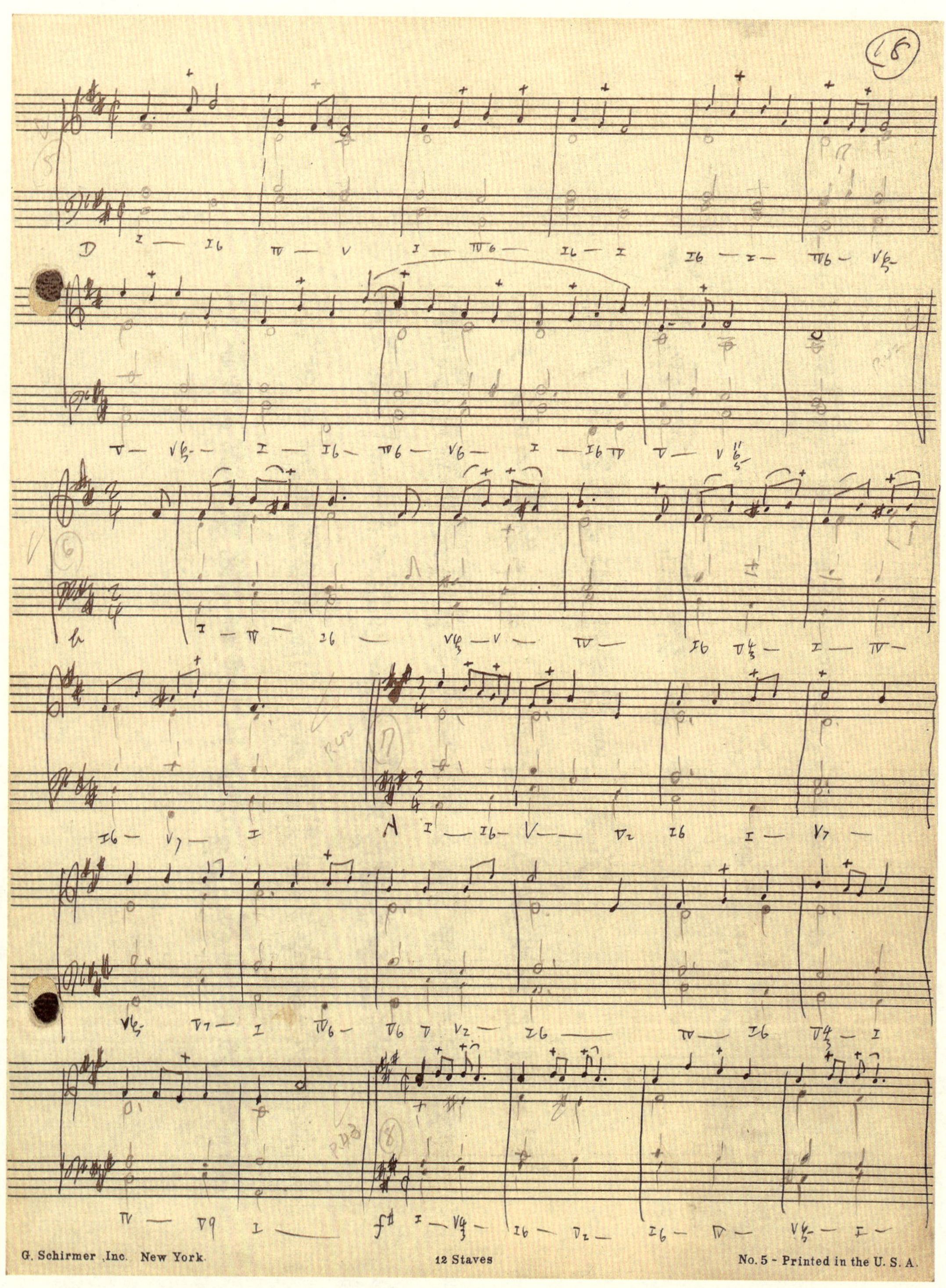

傅雷先生捐赠谭小麟乐谱手稿

的谱子。我爸爸一向最欣赏他，最喜欢他了。”“他（谭小麟）原来是搞中国乐器的，是个徐志摩式的人物，真正的美男子，气质极好，一方面有中国传统的根底，一方面又去美国深造。可惜早逝，只写了几首歌，却水准极高。”

1948年8月，谭小麟因病去世，年仅37岁。1948年秋，傅雷与作曲家沈知白、提琴教授陈又新、工程师裘复生等为亡友组织“遗作保管委员会”。傅雷特地以法文致信耶鲁大学音乐系主任勃罗斯・西门兹，请其转告兴特密德谭小麟去世的消息，并请兴特密德为《谭小麟歌曲选集》作序。

新中国成立后，傅雷仍然没有忘记这位才华横溢惜英年早逝的作曲家，他认定谭小麟的作品不该被埋没，渴望谭小麟的音乐能有演出的机会，并能让世人了解他的价值。他多次给领导写信、抄谱晒印、请人录音。1961年10月，傅雷上书文化部副部长夏衍，请求将谭氏遗稿、抄稿及相关文件送至北京图书馆保存。得到批准后，于11月26日以双挂号信寄出。1961年12月1日，北京图书馆收到这份邮件，其中包括以下文献：

甲、作品

一、故作曲家谭小麟音乐原稿（一部分系蓝图）86页分装二袋

二、已抄而即可制版之乐谱108页（一袋）

三、乐理练习及残稿71页

乙、文件

一、故作曲家谭小麟简历及遗作保存经过2纸

二、遗作目录2纸

三、耶鲁大学音乐系主任为谭小麟事与傅雷信件1纸

四、兴特密德为谭氏事与傅雷信件1页（四面）

五、兴特密德为谭氏遗作所写序文1页

六、美新闻处对谭氏介绍材料1页（仅1段13行）

在3件手稿和6份文件上，都有傅雷一丝不苟的蝇头小楷写下的说明文字，其中《谭小麟乐谱抄件》的外包软牛皮纸上以毛笔注明："已抄之稿。"包装纸内是绿底照相纸袋，纸袋正面又有毛笔手书："勿污损！勿折皱！取出放回时注意勿弄皱。1-26全已抄即可制版之谱共108页。"纸袋背面再次写明："勿折皱！"每一个毛笔字都是傅雷亲笔手书，他是认认真真甚至是恋恋不舍地给谭小麟的遗作找个归宿。这一大包双挂号邮寄的手稿和文件，承载着傅雷多深的情谊，多重的寄托，多远的怀念及多少的遗憾与无奈。许多回忆傅雷的文字都谈到他的孤傲和严肃，而国家图书馆收藏的谭小麟音乐手稿，更真实地反映出傅雷对朋友的真诚和深情，对艺术作品的珍爱和推重，以及做事的一丝不苟、严谨认真、追求完美和执著忘我。

吴晗《朱元璋传》一九四八年手稿

李　坚

《朱元璋传》是著名明史专家吴晗的代表作。该书全面介绍了明太祖朱元璋由僧人到皇帝的一生，结合元末明初的历史条件，对朱元璋一生的功过作了具体的分析，实事求是地评价其历史地位，在运用历史唯物主义观点方面达到新的高度，有较高的学术价值。吴晗先生治学严谨，《朱元璋传》经过 20 年的艰苦写作，曾历经四次修改：其一是 1944 年在重庆出版的《由僧钵到皇权》和《明太祖》；其二是 1947 年至 1948 年完稿，1949 年 4 月上海新中国书局出版的《朱元璋传》；其三是 1954 年至 1955 年改写的《朱元璋传》油印本；最后才是修改于 1964 年，1965 年 2 月由三联书店出版，代表作者学术高度，至今广为流传、影响极大的《朱元璋传》。

一 小親兵

二 小軍官

三 大元帥大丞相

第三章 從吳國公到吳王

一 鄱陽湖決戰

二 取東吳

三 南征北伐

第四章 大皇帝的統治術

一 大明帝國和明教

二 農民被出賣了

三 新官僚養成所

四 皇權的輪子—軍隊

五 皇權的輪子—新官僚機構

六 建都和國防

七 大一統和分化政策

第五章 恐怖政治

一 大屠殺

二 文字獄

三 特務網

四 皇權的極峯

第六章 家庭生活

一 馬皇后

二 皇子皇孫

三 教養和性格

四 晚年的悲哀

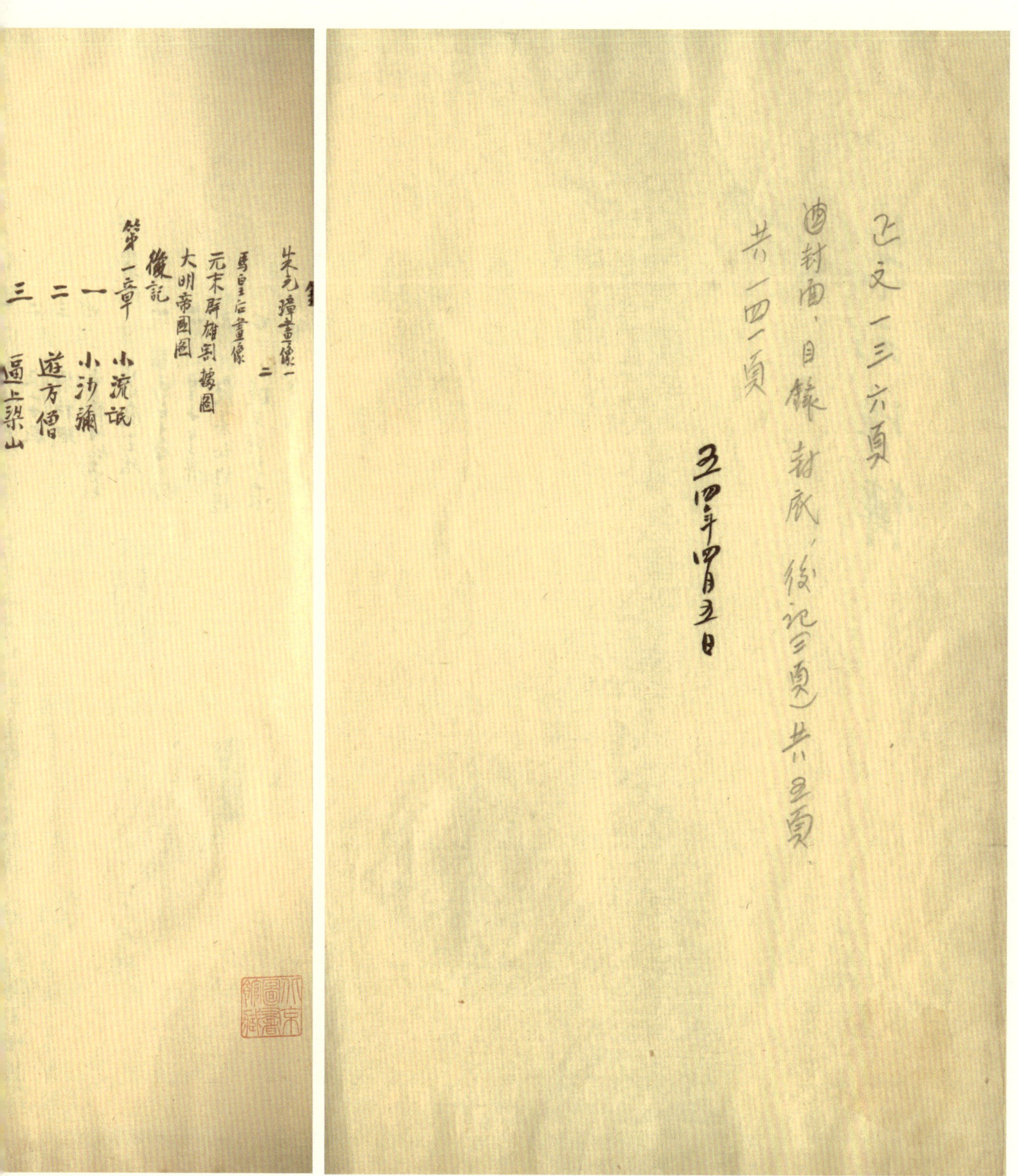
正文一三六頁
連封面，目錄，封底，後記(三頁)共五頁
共一四一頁
五四年四月五日

目錄
朱元璋畫像 一
馬皇后畫像 二
元末群雄割據圖
大明帝國圖
後記
第一章 小流氓
一 小沙彌
二 遊方僧
三 逼上梁山

吴晗《朱元璋传》手稿

朱元璋傳

第一章　小沙彌

一

元至正四年（公元一三四四年，元順帝妥懽帖木兒在位的第十二年），淮河流域的人民遭受了苦難，旱災，蝗災，加上瘟疫。

好幾個月沒有見過雨水了，栽下的苗曬得乾癟枯黃，大地裂成一條條的龜縫。到處在求雨祈神，老年人恭恭敬敬向龍王爺磕頭，孩子們戴着柳枝圈圈出出進進。正在焦急沒收成時，又來了滿天漫地的蝗蝻，把穗上稀稀的幾顆栗粒吃得一乾二淨！地方上有年紀的人都在唉聲嘆氣，哭喪着臉說，幾十年來沒見過這樣的年成，這日子着實過不得了。

禍不單行，瘟疫大起，鍾離太平鄉的人，接二連三的病倒，已經吃了多少時候的草根樹皮了①，病一起就挺不住，開頭只覺得渾身無力氣，接着是上吐下瀉，不到一晝夜便斷了氣。起初大家還不理會，到了一個村子裏一天死去十幾個人，家家死人，天天死人的時候，才明白這是上天在降罰，散布瘟疫來收人，這才着了慌，不管「在數的難逃」的老話，還是逃命要緊，各村莊的人拖兒帶女，只要有親戚朋友家可投奔的，連家裏的病人都顧不得了。不過幾

①明太祖實錄卷三十九，洪武二年三月[illegible]

吴晗《朱元璋传》手稿

第一版《由僧钵到皇权》是作者为了解决生计和发泄政治上的愤懑而写的。当时资料非常缺乏，而且作者掌握马列主义、历史唯物主义的水平还很有限，对所谈问题的科学分析是很不够的。因此，出版后他的内心十分不安，加以一书两名，使他更感到不快，所以决定回北平后多读史料，重新写作。从 1947 年起，吴晗便利用工作间隙开始重写，把篇幅扩大将近一倍，由原来的 8 万字改写成 15 万多字，而且许多看法也和初稿完全不同。此外，还增加了 500 多条小注。1948 年 8 月，《朱元璋传》完稿，1949 年 4 月由上海新中国书局出版。由于这次改写是在战争年代进行的，这一版本无论在观点还是史料上，都存在着缺陷。例如对西系红巾军首领彭莹玉（彭和尚）“功成不居”大加赞赏；认为国家机器只是官僚机构和军队，将二者比喻为封建皇权的两个轮子；以朱元璋影射蒋介石，指桑骂槐，给朱元璋以过分的斥责和不完全切合实际的评价。另外，在遣词造句上，也有旧式文人的色彩。毛泽东阅读这部原稿后，提出了相关意见，并在给吴晗的信中指出：“即在方法问题上，先生似尚未完全接受历史唯物主义作为观察历史的方法论。倘若先生于这方面加力用一番功夫，将来成就不可限量。”后来吴晗根据毛泽东的意见，“发愤重新读书，果然发现了过去所没有注意到的史料：彭莹玉是战斗到底，被元军杀害的”。

现珍藏于中国国家图书馆名家手稿文库的吴晗 1948 年《朱元璋传》手稿，是 1954 年吴晗任北京市副市长时亲自捐赠的。该手稿以毛笔手书，正文 136 页，封面、目录、封底、后记共 5 页，共计 141 页，分四册线装。内容分为六章：《小流氓》《红军大将》《从吴国公到吴王》《大皇帝的统治术》《恐怖政治》和《家庭生活》。稿件封底有几行钢笔草书，字迹潦草，大意是：第一，彭（莹玉）的下落是消极的、道家的，称赞不当。第二，国家机器由军队、法庭、特务机构等组成，而不是由官僚机构和军队组成。第三，朱元璋由农民阶级转变为地主阶级，不是由个人的人性物欲决定的，而是团体利益决定个人利益。其右是吴晗用毛笔补记的说明：“下面这一启札记是一九四八年十二月间毛主席的当面指示，地点在河北平山县西柏坡毛主席的住处。谈话时间从下午六时至十二时。主席指示的话很多，当时所记的仅仅是对于这一稿子的主要的话。吴晗追记，五四年四月一日。”由此可见，封底的钢笔草书就是 1948 年吴晗在延安现场记录的毛泽东对《朱元璋传》的意见。

1954 年，吴晗以 1948 年版为基础，改写成第三版《朱元璋传》，为慎重起见，仅油印一百多本分赠友人，在广泛采纳毛泽东及学术界的建议后，最终于 1964 年改定第四版，这一版本的《朱元璋传》，无论在观点方面、史料的运用方面，还是在文字的表达方面，都达到了新的高度。

阮章竞和他的《漳河水》

李小文

20世纪50年代初，著名诗人阮章竞先生把他的成名作《漳河水》的手稿，无偿赠予北京图书馆。近半个世纪后，他的女儿阮援朝女士又将阮章竞先生《漫忆咿呀学语时》手稿无偿捐赠给国家图书馆，这部手稿写于20世纪80年代，主要谈《漳河水》的创作经过与体会。这两部手稿不仅丰富了国家图书馆名家手稿文库的收藏，更使今人对解放区的文艺作品有了更全面深入的了解。

阮章竞（1914—2000），现代著名诗人，剧作家，笔名洪荒。出身于广东省中山县一个贫农家庭，只上了4年小学，13岁当徒工，20岁失业后到上海，曾在冼星海指导下参加抗日救亡歌咏活动。抗战爆发后，赴山西参加八路军。

阮章竞的文学作品创造性地运用民间形式，开创了反映时代新生活的新诗风。《漳河水》完成于1949年4月，同年5月发表于《太行文艺》，修改后于1950年《人民文艺》上重新发表，人民出版社1953年1月出版单行本。这部长篇叙事诗，情感真挚，语言通俗，是阮章竞的成名作与代表作，也是继《王贵与李香香》之后的解放区诗歌代表作之一，是中国新诗民族化、大众化的成功之作。

《漳河水》是阮章竞在太行山区战斗、工作、生活 12 年，用心学习当地多种民间文艺形式，深入了解当地人民群众生活，尤其是妇女的生活状况，在长期学习积累后，饱含热情创作出的民歌体新诗。诗歌在学习人民群众语言，反映人民群众生活的同时，还采用多种山西民歌的形式，吸取漳河两岸广为流传的《漳河小曲》《漳水谣》《牧羊小曲》等民间曲调，融化出新，使长诗在章法、句法、语言上都独具风格，具有民谣的风韵，富于音乐美和地方色彩。同时还融合古典诗歌，既保留民歌的山野风味，又具有古诗蕴

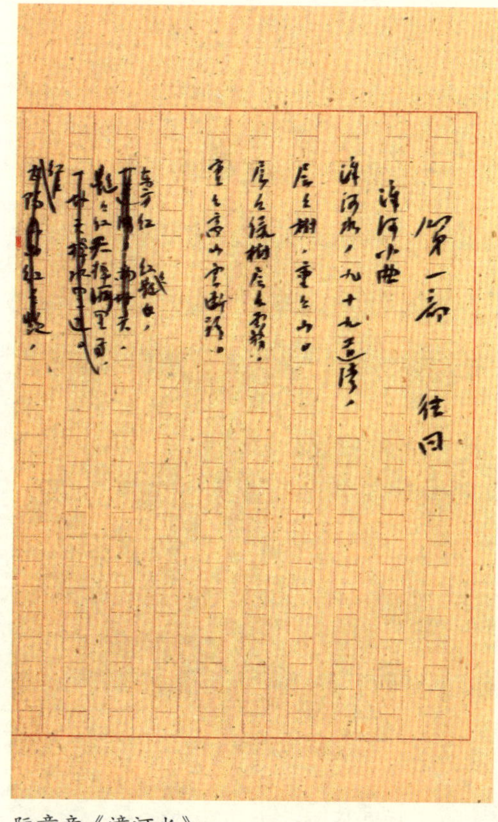

第一部 往日

漳河小曲

漳河水，九十九道湾，

层层树，重重山。

层层绿树层层雾，

重重高山云断路。

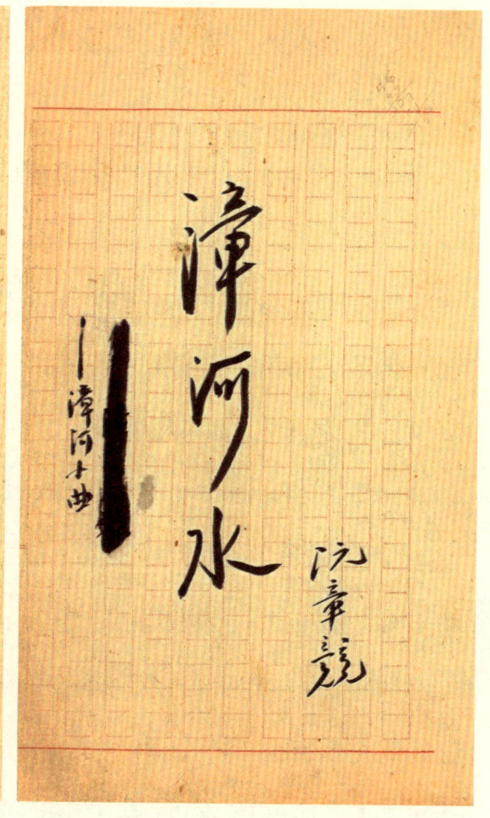

漳河水

阮章竞

阮章竞《漳河水》

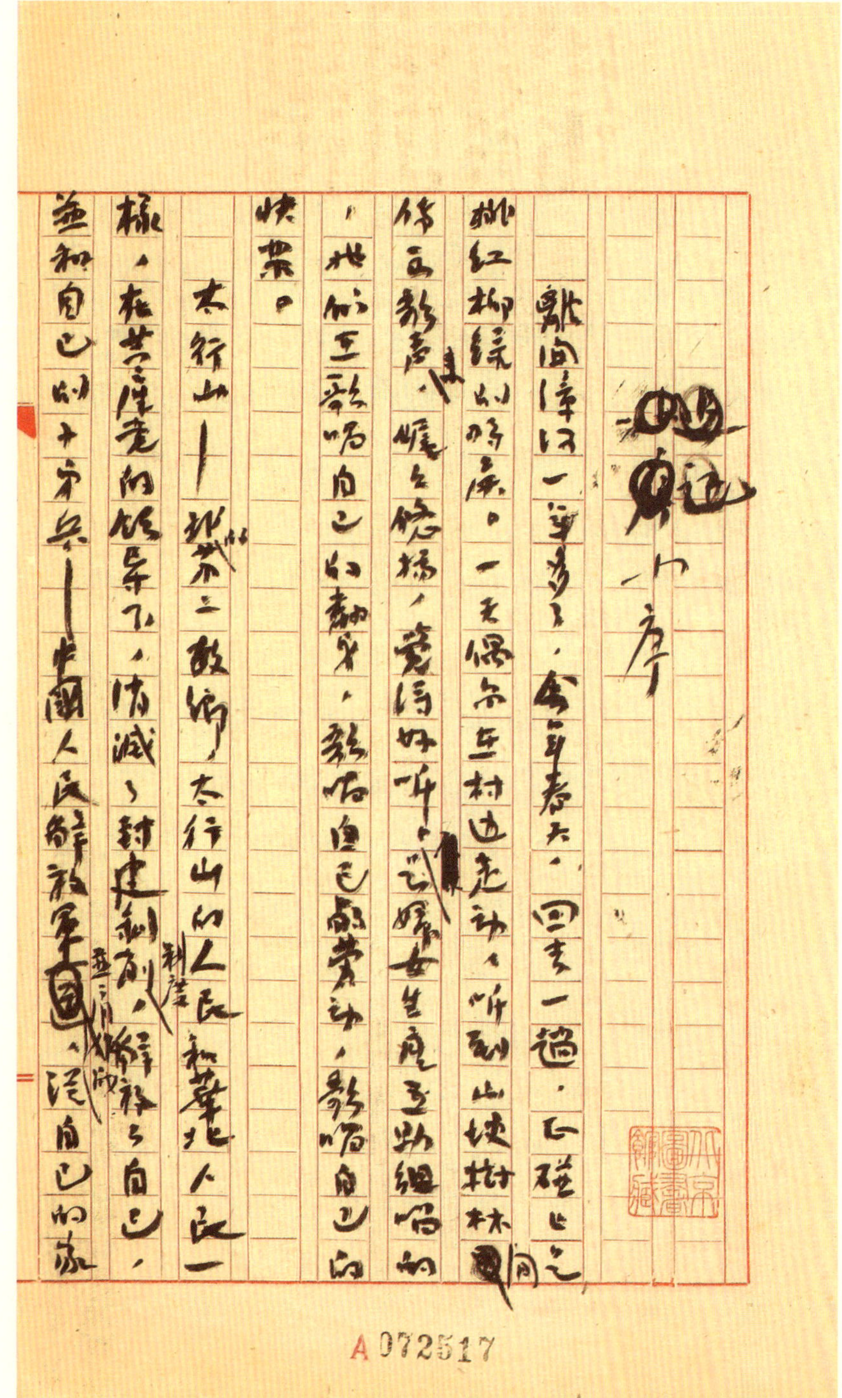
小序

就向漳河一带走了，今年春天，回去一趟，正碰上了桃红柳绿的好天。一天偶尔在村边走动，听到山坡树林间传来歌声，嘹亮悦耳，觉得好听。是妇女生产互助组唱的，她们正歌唱自己的翻身，歌唱自己底劳动，歌唱自己的快乐。

太行山——战斗的故乡，太行山的人民和华北人民一样，在共产党的领导下，消灭了封建剥削，解放了自己，并和自己的子弟兵——中国人民解放军一道，保卫自己的家

阮章竞和他的《漳河水》

藉含蓄的韵味。

《漳河水》成功地塑造了荷荷、苓苓、紫金英三位鲜活、生动的农村妇女形象，以洗练的手法，写出了她们在新中国成立前不同的悲苦遭遇和斗争经历，以及新中国成立后的新生活。三个姑娘在天真烂漫的少女时代，都对未来抱有美好的憧憬，希望嫁得一个称心如意的好丈夫，过幸福美满的日子。但她们的美梦在愚昧的封建时代根本行不通，残酷的现实打碎了她们的美梦。黑暗统治和封建礼教被革命风暴击得粉碎，社会发生了天翻地覆的变化。“漳河发水出了槽，冲坍封建的大古牢！”三姐妹的生活也变了样：荷荷首先冲出封建“恶婆家门”，果断地和年岁悬殊的“黑心肝”老头离婚，积极参加互助组劳动。又自由恋爱，与积极分子王三好结成恩爱夫妻，自己也当上互助组的“领导人”，积极热情地帮助姊妹们走上新的生活道路。苓苓是个聪明能干、积极劳动、活泼又风趣的“巧媳妇”。在姐妹们的帮助下，征服了封建大男子主义的丈夫，争取到家中的平等权利。而柔顺、懦弱的紫金英心地善良，但怯于反抗，经过千般磨难，终于在集体劳动中，得到大家的安慰、鼓励和真诚的友爱，开始了健康向上的新生活。

妇女解放是衡量社会解放程度的标尺之一。《漳河水》生动地描绘了三位不同个性的妇女从封建传统习俗压迫下解放出来的过程。同时还对社会上轻视妇女的思想展开批评，反映了劳动群众在政治翻身以后，逐步从传统思想中解放出来的生动现实，描绘出革命解放为人民群众带来的真正自由解放的新生活。

徐梵澄先生及其手稿

李小文

徐梵澄（1909—2000），著名哲学家、翻译家、诗人，中国社会科学院世界宗教研究所研究员、中国佛教协会特约研究员、中国鲁迅研究会特约顾问。精通梵文、德文、英文、法文并兼通拉丁文、希腊文、印地文等多种语言。其主要研究领域包括印度古代哲学、佛教、印度教、西方哲学和中国的儒、道、释教文化。

《薄伽梵歌》是印度史诗《摩诃婆罗多》中的一段对话，共 700 句，分 18 章，印度教徒视为奥义书之一，奉为神圣。印度近代哲人室利・阿罗频多狱中读《薄伽梵歌》而悟道，又经多年修行后，著《薄伽梵歌论》，是对古印度伟大精神传统的总结、疏解和发扬。1953 年，徐梵澄在南印度室利阿罗频多学院时将其译成中文，初版于 1957 年 2 月在香港发行，1990 年 6 月由北京中国佛教文化研究所再版，较之初版于经文微有修订。

2003 年，经国家图书馆陈力副馆长介绍，在中国社会科学院世界宗教研究所孙波先生的帮助下，徐梵澄先生译著《薄伽梵歌论》手稿入藏国家图书馆名家手稿文库。这部

1.

（三）俱盧之地

阿闥耶之憂信引起類生命與行為之
全部問題矣。世界何是？為何如是？
世界如是，則此世界中之生命，何由而
與"精神"中之生命相和諧？——此等
困難深奧問題，皆此天神之師所望執行度以為其教令之
根本者，教令其弟子行事……
而出自生存之新姿態，而為解脫之智
識之光明所照射者也。

顧我謂此世界如是，而有為于其中者，而內中
又將其精神生活，將毋異宜？（其困難果何由而作也？）第
一章謂之"阿闥耶憂信分"者，何也？豈
非直見宇宙人生之真面目，揭除道
德倫常之幻影（自體正以之妄見），有以生其震怖耶？
將非此生存之一面，在人未有其自我得一高尚安穩之前，于覺醒之心思乃生其戰慄
驚駭者耶？此真面目，"外"表之，則俱盧戰場之
大殺戮也；"內"視之，則造物主之為"時
間"而磨滅萬物也。宇宙之主，創
造萬物；同此宇宙之主，毀滅萬物
者也。奧義書有云："聖賢英雄，皆
被宴筵之食，死亡則醯醢也。"
昧隱于人生實事中，此同為生命之實際
真理也，次乃明明朗耀于心靈透視中。
世界之生存，人類之生存，以奮鬥殺

2.

戮而進屠，此外表也；宇宙之真宰
以大創造大毀滅而圓成其自
体，此內情也。人生為戰鬥與死
亡之田，此俱盧之地也；上帝為"至
不仁者"，"可怖者"，此阿瓊那于殺
戮之場所見也。

赫那克利脫斯
希臘人（Heraclitus）有言：
戰爭，萬物之父，戰爭，一切之主宰也。
（類同希臘諸哲之至言）
淵哉此語，深奧之真理在於其
間。就吾人所見者，物質或諸種力
量相撞擊，萬物由是而生，諸多力
量，傾向，原則，自体相衝突，世界由是
而行，新者成而舊者毀，而莫或
（所如往）
知其也，——或以為終于自体
之大毀滅，或以為成其空洞之循
（有樂觀之論）（雖有似是之糾紛混亂，）
環，或以為進化之循環終且愈
（某種高尚之）
躋入於神聖之圓成者。不論此類學說
奚似，吾人所確知者，則成也毀
也，無毀必無所成；和諧乃得
（而此亦為自無數明爭暗鬥而勝得者；）
於爭衡力量之均等，更有甚者，
由
生命之自加長養吞併其他生命而外，
（恆常）

徐梵澄《薄伽梵歌论》

手稿共三部四十四章节，638叶，高34厘米，宽22厘米，使用无格白纸，以蓝黑钢笔书写，写成距今已经半个多世纪，纸张虽已发黄变脆，字迹依旧整齐清晰，行距和字间距均较大，便于阅读和修改。这大约是徐梵澄先生译著的老习惯，“慢慢一字一句译出，很少涂改，不再誊抄，便成定稿。……这比起草而再抄写，节省了许多时间。这办法至今仍用”。手稿除前几页目录外，全部正反两面书写，这在馆藏手稿中较为少见，也可想见写作时艰难的物质条件。手稿每一、二小节（约十几页纸）便在左上角用白线订成一小册，针角缝得极其细密，间距不到一厘米，共有40多册，因年代久远，有些已散落。据《徐梵澄传》作者孙波介绍，这些小册子都由徐先生亲手订成，足见其做事的认真态度和对这部手稿的重视。封面署名原写“徐梵澄撰”，后改“撰”为“述”。正文篇名原写“薄伽梵歌注释”，后改为“薄伽梵歌论”。作者在《附记》中说，因中西文字、思想方式和文化背景不同，在翻译过程中不得不删减一些内容，“篇中减段，段中略句，句中省字，于是有合并之篇，有新编之节，有移置之句，有润色之文”。可以说这是经过再创作的一部新作品了。徐梵澄先生的文字功底十分了得，文章极有韵味，深沉隽永，经得起反复品读。徐先生一生虽然著作等身，但因经历战乱和长期漂泊，手稿保留下来的极为稀少。这部《薄伽梵歌论》手稿从南印度辗转万里来到北京，徐先生病重住院时仍将此稿带在身边时常校看，最终在孙波先生的帮助下入藏国家图书馆，使国家图书馆名家文库又增加了一部难得的珍贵藏品。

徐梵澄先生一生淡泊名利，却孜孜不倦地追求人类的精神宝藏，其研究领域包括了西方哲学和东方宗教以及中国历代思想史中最精粹的部分。他将“宇宙间很多至理精微处已远超出了思想的范畴的部分”，称为“精神哲学”，他自如地畅游于思想海洋的深处，探索和享受“精神哲学”的精深与博大，体味其中的美妙与神奇，深刻与痛苦。虽然徐先生一生过着简朴孤寂的生活，可谁又能说他不是一位真正的“精神贵族”呢？

罗常培先生手稿

黄　霞

2001 年，罗圣仪女士将其父语言学家罗常培先生的大部分手稿、手札、资料等捐让国家图书馆，这批资料为国家图书馆名家手稿文库增添了新的珍贵收藏。

罗常培（1899—1958），满族，本姓萨克达氏，字莘田，号恬庵，北京人，中国著名语言学家，中国现代语言学的奠基人、开拓者之一，其学术成就对当代中国语言学及音韵学影响深远。中国语言学界将罗先生称为“继往开来”的“一代宗师”，可以说是对他一生的准确定评。

1899 年 8 月 9 日，罗常培先生出身于北京一个没落的满族家庭，贫寒的家境促使他从小发奋图强，刻苦学习。1919 年他从北京大学中文系毕业，又到哲学系学习了两年，接受了西方的学术思想和治学方法。此后三十多年中，罗先生主要在大学和研究所从事语言教学和研究工作。曾先后任教于天津南开中学、京师公立第一中学、西北大学、厦门大学、中山大学、北京大学和西南联合大学。1934 年至 1937 年，担任中央研究院历

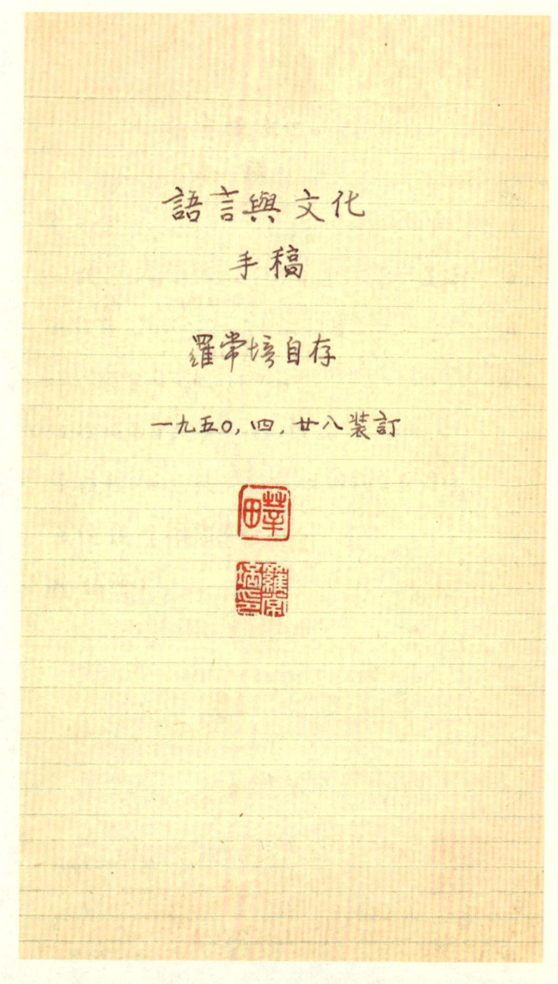

罗常培《语言与文化》手稿封面

史语言研究所专任研究员。1944 年夏，应邀到美国朴茂纳大学任人文科学的访问教授，1946 年 8 月移教耶鲁大学。1948 年得知闻一多遇刺的消息后，毅然回国。1949 年后一直担任中国科学院语言研究所所长。1958 年积劳成疾，医治无效，过早地离开了人世。

罗常培先生毕生从事语言学的教学和研究工作，他的研究成果在许多方面都有承前启后的重要意义。他的语言文字学功底深厚，又善于运用现代语言学和语音学的观点和方法进行研究，作出了杰出的贡献：首先，在音韵学方面发表了许多重要论著，提出一系列独到的见解，将这门学问提高到一个新的科学水平；在现代汉语方言调查和古代汉

1.

壹. 引言

美國已故的語言學教授薩皮爾(Edward Sapir)說:"語言的背後是有東西的。而且語言不能離開文化而存在。所謂文化就是社會遺傳下來的習慣和信仰的總合，由它可以決定我們的生活組織。"① 柏默也說:"語言的歷史和文化的歷史是相輔而行的，他們可以互相協助和啟發。"② 另外有一位人類學者戴樂爾(E.B. Tylor)也說：文化是"一個複雜的總合，包括知識、信仰、藝術、道德、法律、習俗，以及人類以社會一員的資格，所獲得的其他一切能力與習慣。"③ 由這些話看來，我們可以知道語言和文化關係的密切，並且可以知道他們所涉及的範圍是很廣博的。

本文的企圖想從語詞的涵義討論語言和文化的關係。其中涉及語義學(semantics)一方面較多，很少牽涉到語音學和語法學兩方面。我的計畫打算分六段去說：第一，從語詞的語源和演變推溯過去文化的遺跡；第二，從語

① Edward Sapir's *Language*, P.221.

② L.R. Palmer's *An Introduction to Modern Linguistics*, P.151.

③ E.B. Tylor, 1889 on a Method of Investigating the Development of Institution J.A.I. XVIII, 245–272.

罗常培《语言与文化》手稿引言

语方言的探讨方面，也做了许多开创性的工作；在少数民族语言的调查研究方面，罗先生不仅是引路先锋，更为此做了长期的辛勤工作；他曾写过不少普及语言学知识的文章和专著，影响面很广；为我国的语言规划做了大量开创性的工作；为建立语言学队伍、培养人才做了不懈的努力。罗先生长期在大学任教，他讲课深入浅出，有问必答，循循善诱，坦率亲切，很得学生们的称赞和尊敬。在三十多年的学术生涯中，他写下了十余部专著和一百几十篇论文，他的主要代表作有《中国音韵学导论》《中国人与中国文》《语言与文化》《普通语音学纲要》《国音字母演进史》《厦门音系》《八思巴字与元代汉语》《罗常培语言学论文选集》等。

入藏国家图书馆名家手稿文库的罗常培手稿资料共 6 箱 900 余种 1700 余件。据罗圣仪女士回忆，罗先生生前对于保留各种资料十分认真，这批资料是罗先生生前抱病整理出来的，所有分类也是依先生生前所定，有些分类标题还保留着他亲手写的字样。

打开装满这些资料的箱子，不禁为这些码放得整整齐齐、井井有条的一包包、一件件的稿件和资料所惊叹。这些资料包括：罗先生中学及大学时代的笔记，部分卡片、著作手稿（其中一些稿件是多次修改稿并存），先生所搜集的研究用的原始资料，大学教书用的课程表、试题、学生答卷、学生点名册、记分册，著名学者、朋友、学生的赠书及他保存的他人著作等。其中有些是非常难得的资料，如：早期北京大学和中央研究院的部分年代的职员表、中国第一家速记培训班学员名单、北京大学 30 周年校庆时文科研究所录制的刘半农等人的发音图照片等。

从先生留下的这些资料可知罗先生是一个非常细心的学者，从中也可看出先生对业务精益求精、勤勤恳恳、刻苦钻研、一丝不苟的治学精神，这也正是先生能够取得巨大成就的原因。

国家图书馆藏巴金《随想录》手稿

孙 俊

1990 年 10 月 27 日，巴金致信北京图书馆馆长任继愈，信中写道："我决定将《随想录》第四册《病中集》的手稿捐赠北京图书馆，请友人潘际坰同志带往北京。请派人同他联系，取回手稿。谢谢。"

信中提到的"友人潘际坰"，曾于 1978 年 4 月写信约巴金为他主持的香港《大公报》副刊《大公园》撰稿，于是巴金写下随笔《谈〈望乡〉》。之后潘际坰再次约稿，并希望为巴金开辟随笔专栏。当他得知巴金正在翻译赫尔岑的《往事与随想》，并计划写一部同类作品时，便把专栏命名为"随想录"。1978 年至 1986 年间，巴金共为专栏写作 150 篇"随想"短文，每 30 篇结为一集出版，依次为《随想录》《探索集》《真话集》《病中集》和《无题集》，总称《随想录》，内容包括对历史的反思、对亲友的怀念、对自我灵魂的拷问。《随想录》被称为"说真话的大书"，巴金也因此书被誉为"世纪的良心"。

《病中集》为《随想录》第四集，写于 1982 年 7 月至 1984 年 2 月间，写作地点为上海。

随想錄　　巴金

九十九　　病中（二）

在病房里我最怕夜晚，我一怕噩梦，二怕失眠。入院初期我多做怪梦，把“牵引架”当作邪恶的化身，叫醒陪夜的儿子、女婿或者亲戚，要他们毁掉它或者把它搬开，我自己没有力量跟“牵引架”决斗，只好求助于他们。怪梦起不了作用，我“规规矩矩”地躺在“牵引架”上拴了整整两个月。

这以后牵引给撤销了。梦也少了些，思想倒多起来了。我这人也很古怪，左腿给拴在架上时，虽然在做梦也要跟牵引架斗，可是我却把希望和信心放在这个“最保守、最保险”的治疗方法上，我很乐观。等到架子自动地搬走，孩子买了蛋糕来为我庆祝之后，希望逐渐变成了疑惑，我开始了胡思乱想，越想越复杂，越想越乱，对所谓“最保险”也有了自己的解释：只要摔断的骨头长好，能够活下去，让八十岁的人平安地度过晚年，即使是躺在床上，即使是坐轮椅活动，已经是“美好”的事情，“很幸福”的晚年。这个解释使我痛苦，我暗暗跟自己辩论，我反驳自己，最后我感到了疲倦，就望着天花板出神。我的病房里有一盏枱灯

15×14=210　中国作家协会浙江分会　第 1 页

巴金《随想录》手稿

巴金在《病中集》后记中写道："我当初制订写作计划，相信每年可以写出'随想'三十则。那时自己并未想到生病、摔伤以及长期住院治疗等等。但这些事全发生了。我只得搁笔。整整八个月，我除了签名外，没有拿笔写过字。以后在家中，我开始坐在缝纫机前每天写三四行'随想'时，手里捏的圆珠笔仿佛有几十斤重，使它移动我感到十分困难。那么就索性扔掉笔吧。然而正如我去年年底给一个朋友的信中所说：'沉默也使人痛苦，既然活下去就得留一点东西。'因此我还是咬紧牙关坚持下去，终于写出一篇接一篇的'随想'。有一位朋友见我写字那样吃力，不觉动了恻隐之心，三番五次地劝我改用口述。但我写文章从来不是发挥个人才智。离开了笔，单靠一张嘴，我毫无办法:讲不出来。有笔在手，即使一天只写一百字，花两年工夫我也可以完成一集《随想录》。"

捐赠给国家图书馆的《随想录》手稿标号为第 91 至第 120，其中 96、97 号二文手稿，已于此前由巴金赠予北京现代文学馆。97 号代之以手稿影印件，另缺 100 号文章手稿。这 28 件圆珠笔书写的手稿忠实记录了巴金年届八旬时写作的艰难、坚韧，以及对祖国和人民的大爱。因为圆珠笔的笔油是以染料为色素成分的，字迹极易化学退色和扩散，耐久性差，任继愈馆长曾指示对这部分巴金手稿加以特别保护。

在这次捐赠之前，巴金曾两次向国家图书馆捐赠手稿。1954 年，巴金赴北京参加会议，国家图书馆从事名家手稿采访的冯宝琳登门拜访向他征集手稿，巴金返沪后，即以邮寄方式捐赠其代表作《家》《春》《秋》手稿。1979 年，巴金再次无偿捐赠 8 种手稿:《向朝鲜阵地的战友告别》《富士山和樱花》《朝鲜的梦》手稿，《家》《春》《秋》1955 年人民出版社铅印本钢笔修订稿，《雾》《电》原稿及铅印本的钢笔、毛笔修订稿等。

目前，国家图书馆名家手稿文库共收藏巴金手稿 51 种（包括 1 件手稿复印件）。国家图书馆图书保护组经过反复实验，制作了精美的红木书盒，对所有巴金手稿进行分页保管，有效保护了这批珍贵文献。

来新夏先生手稿小记

孙 俊

2011年初，国家图书馆古籍馆为纪念版本目录学家冀淑英先生逝世10周年，筹备编辑《文津学志》纪念专号。因著名历史学家来新夏先生与冀先生有同校之谊，《学志》编辑人员特向来先生约稿。当时来先生已是耄耋之年，仍惠寄题词《重笔无锋》：

冀淑英师姐熟谙古籍，毕生致力于古籍鉴定与整理，卓著绩效而待人谦抑，从不张扬。惜哲人其萎，离世而去，其品德学问永为同门及学界所共仰！我今年近九旬，难执毛锥，谨以硬笔题呈，尚祈

鉴谅！

同学弟八九叟来新夏拜书

此后，国家图书馆古籍馆工作人员登门拜访来先生，并希望能征集其著作手稿入藏

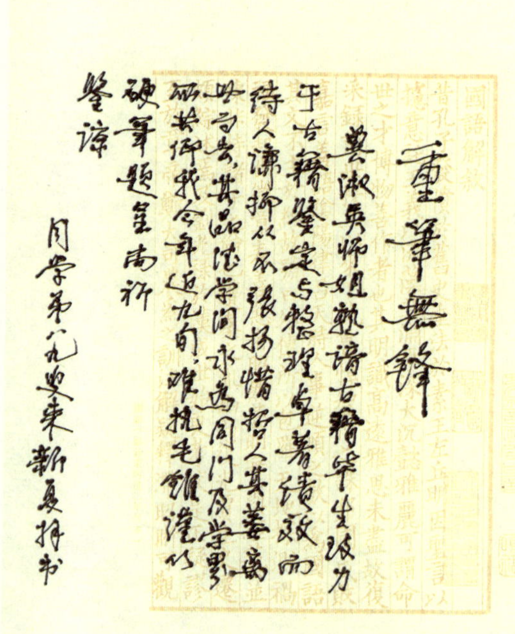

重笔無鋒

冀淑英师姐熟谙古籍，毕生致力
于古籍鉴定与整理，卓著绩效，而
待人谦抑，从不张扬。惜哲人其萎，高
山可云，其品德学问永为同门及学界
所敬仰。我今年近九旬，难执毛锥，谨以
硬笔题呈，尚祈
鉴谅

同学弟八九叟来新夏拜书

来新夏题词《重笔无锋》

名家手稿文库。来先生欣然应允，并于数月后向国家图书馆捐赠其代表作《林则徐年谱》《林则徐年谱（增订本）》《近三百年人物年谱知见录》的手稿。手稿共计 6 册又 518 页 / 张，主要以蓝黑墨水钢笔书写，是交付出版社使用的出版底稿。

来先生捐赠的三种手稿都与年谱紧密相关：前两种为《林则徐年谱》及其增订本，后一种为年谱提要目录。年谱之于治学，其重要性、基础性，类似数学之于理工科学。这厚厚的稿件，密密麻麻的修改增订，足见来先生严谨的治学态度以及学问根基的扎实。而《林则徐年谱》与《近三百年人物年谱知见录》这两部嘉惠士林的著作在 20 世纪 80

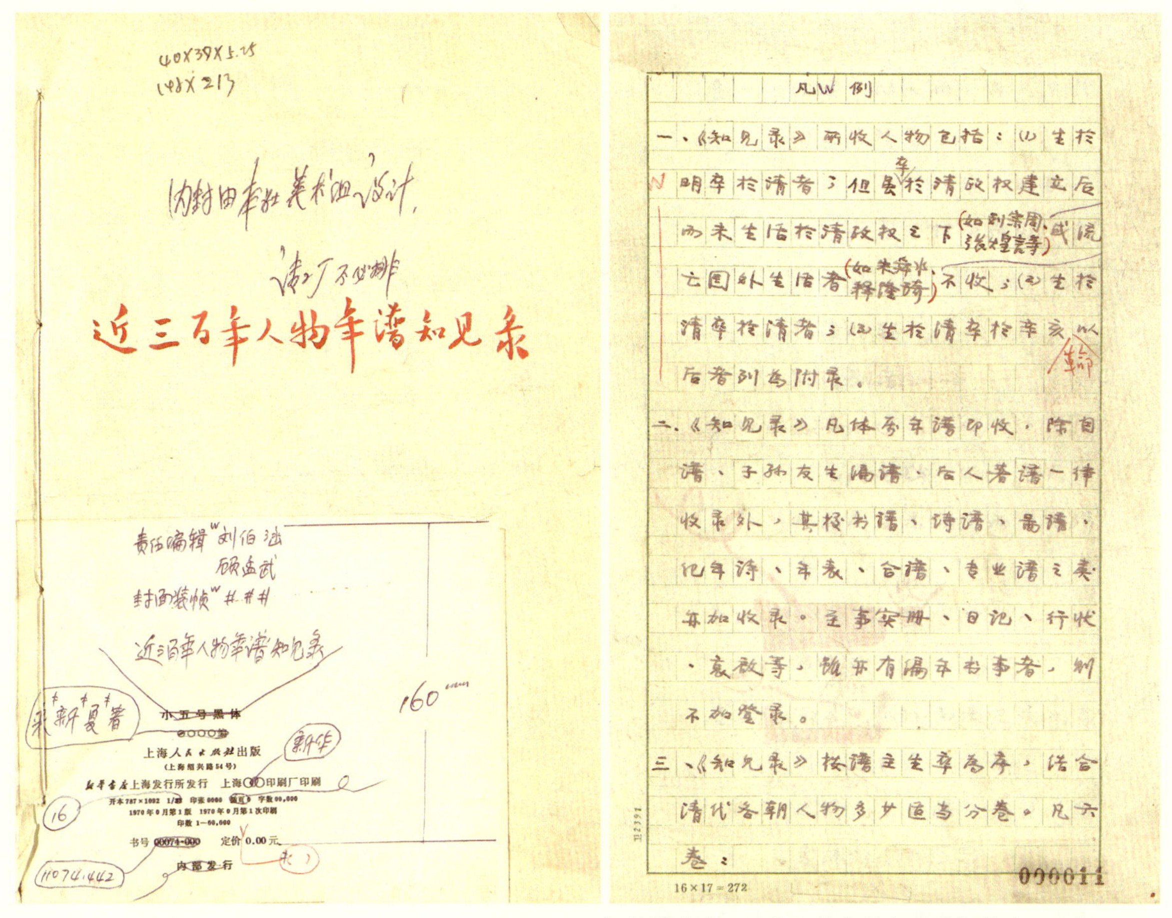

来新夏《近三百年人物年谱知见录》封面、凡例

年代出版之前都有着曲折的成书经过，之后几十年经作者不断磨砺、修订，以臻完善。

1934 年，少年时代的来新夏因参加学校组织的“林则徐与禁烟运动”演讲比赛，开始了解林则徐的禁烟运动并生敬仰之情。1951 年来先生任职南开大学历史系，将所藏魏应麒著《林文忠公年谱》作为参考资料，并随时把所遇有关林则徐行事的文献补入页眉、书脚，为后来编谱打下基础。1960 年前后，中华书局取广东中山大学及明清档案馆存稿编《林则徐集》(包括奏稿、公牍、日记)，来先生应邀审稿，奋力潜研，于 1965 年完成《林则徐年谱》定稿。然而此书定稿于“文化大革命”时期被毁，幸好草稿埋于室中抄家后的杂物堆中。1970年来先生赴津郊学农，劳动之余订正增补所藏《林则徐年谱》草稿，历时二年大致完成。1974年校核全书，1980年6月终成定稿，1981年10月由上海人民出版社出版。1985年据新资料增补修订而成的《林则徐年谱（增订本）》问世。尔后，作者又不断搜集新资料、新见解，重加编订，遂成70万字的《林则徐年谱新编》，于1997年6月由南开大学出版社出版。2008年，来先生应上海交通大学出版社《近代名人年谱长编》丛书邀稿，又着手搜集资料，核对资料，统一出处，增补不足，按年审定内容，历时三年而成《林则徐年谱长编》，于2011年秋出版。

20世纪50年代中期，来先生因担任中国近代史的教学工作，常去南开大学图书馆翻读清人年谱，时任校图书馆馆长的冯文潜教授建议：将清人年谱清个底数，顺手写些提要，积少成多，将来编纂成书，可免去他人翻检之劳。来先生由此开始《近三百年人物年谱知见录》的编写工作，并于1964年完成了6卷50多万字的初稿，分装成12册，但其中10册在“文化大革命”中丢失。1970年作者赴津郊学农，在农业劳动之余整理残稿和幸存卡片，于1975年完成定稿，并于1983年由上海人民出版社出版。该书共有谱主680人，年谱叙录778篇，凡56万字。之后，来先生继续搜辑这方面的资料，经过多年的努力，又得谱主572人，年谱叙录803篇。这样，《近三百年人物年谱知见录（增订本）》已收录谱主1252人，年谱叙录1581篇，凡110万字，2010年12月由中华书局出版。

2014年3月31日，来新夏先生因病辞世，享年91岁。在去世前不久，来先生还曾电话委托国家图书馆古籍馆工作人员为他查阅资料，以供写作之用。来先生曾说作为读书人，要在“有生之年，誓不挂笔”。启功先生赠来先生祝寿诗云：“难得人生老更忙，新翁八十不寻常。鸿文浙水千秋盛，大著匏园世代长。往事崎岖成一笑，今朝典籍满堆床。拙诗再作期颐颂，里句高吟当举觞。”来先生的为人治学之道，也将与其著作书稿一起，激励来者，永留人间。

杨先健工程手稿选粹

蒋　毅

杨先健（1929—2010），湖南长沙人，1953年毕业于重庆建筑工程学院建筑结构专业，1968年任教授级高级工程师，1989年被建设部授予全国第一批“设计大师”称号，长期从事工业与民用建筑结构工程设计与研究，独创计算地面振动衰减的“杨氏公式”。杨先健去世后，其夫人王佩薰，子女杨路、杨果、杨映向国家图书馆捐赠其工程学手稿和所藏图书、期刊等资料共计191种3137册件。这批捐赠文献数量巨大，保存完整，内容丰富，其中工程手稿部分价值最高。每套工程手稿资料都由作者精心整理，并附有参考文献，有的还附有与相关领域专家的往来信件。其中最重要的有：

《地面振动衰减的计算公式》手稿2页。此稿为杨先健对其研究出的地面震动衰减的计算公式的介绍。该公式为杨先健经过长时间反复研究、计算得出，在世界建筑工程界被称为“杨氏公式”。该公式已列入我国国家标准《动力机器基础设计规范》（GBJ40-79）附录五中，并被《全国通用大学教材：地基基础》《机械工程手册》《机器基础设计原理》《机

端的大锥顶的时候，而在传向锥顶的过程中，时间t是负的，函数

$$u_1=\frac{A}{r}\left[\exp\left(\frac{-r-c_0t}{\Lambda}\right)-1\right] \qquad (9)$$

表示一个简单类型的脉冲所引起的位移。这个式子只有对于负的t值成立，这里r的数值大于c_0t。在脉冲的前端，$r=-c_0t$，位移等于零。而小于$|c_0t|$的r对应于无扰动的锥形区域，这里位移也为零。(9)式中Λ——脉冲的特征长度，只有当它比杆的直径大得多的那些区域里，近似理论才能应用。A——脉冲的振幅。

从(6)式，应力为：

$$\sigma=\frac{-AE}{\Lambda r}\exp\left(\frac{-r-c_0t}{\Lambda}\right)+\frac{AE}{r^2}\left[1-\exp\left(\frac{-r-c_0t}{\Lambda}\right)\right] \qquad (10)$$

由(10)式中可看出，对于$r\gg|c_0t|$也就是离开脉冲前端很远的部分，还存在着拉应用[(10)式中σ正值为拉应力，负值为压应力]。这拉应力必然存在，才能使杆内的动量守恒。和脉冲有关的动量是由下式给出：

$$\int_{\infty}^{-c_0t}\rho r^2\Omega\frac{\partial u_1}{\partial t}dr=-\int_{\infty}^{-c_0t}\rho r^2\Omega\frac{Ac_0}{\Lambda r}\exp\left(\frac{-r-c_0t}{\Lambda}\right)dr$$

积分后再取极限变为：

$$-A\rho c_0\Omega(c_0t-\Lambda).$$

可以动量是连续地减少，每单位时间减少率为$A\rho c_0^2\Omega=AE\Omega$（这里t是负的，并且随着脉冲趋近顶点，其数值为减少）。这个减少的动量是由作用在面积$r^2\Omega$上的残余拉力来均衡的。

由(10)，可见脉冲是由二个符号相反的项组成的，并且压缩波后面跟着一个拉伸波。随着脉冲趋近于顶点，压缩区域变得越来越短。令(10)为零，可求出压缩和拉伸区域交界处的r值。这时给出：

$$\frac{1}{\Lambda}\exp\left(\frac{-r-c_0t}{\Lambda}\right)=\frac{1}{r}\left[1-\exp\left(\frac{-r-c_0t}{\Lambda}\right)\right].$$

引进r_0代替$-c_0t$，就可得出一个无纲量的式子：

$$\left(\frac{r}{\Lambda}+1\right)\exp\left(\frac{-r+r_0}{\Lambda}\right)=1. \qquad (11)$$

器基础设计手册》等著作引用。

《拖拉机研究所噪音试验室地板动力计算》手稿 1 册。此稿为杨先健为设计洛阳拖拉机研究所噪声和高、低温试验室所做的计算手稿，该试验室是国家重点工程之一，用于对拖拉机及类似产品进行噪声测试、散热性能试验、低温启动性能试验及其他低温性能试验。杨先健参与试验室的设计，并凭借该项目获得了国家工程设计金质奖。

《按弹性半空间理论试算实测资料简要汇报》手稿 1 册，约写于 1975 年。此稿为杨先健按照弹性半空间理论进行试算以及实测的资料汇报稿。杨先健在进行湖北锻造厂丹江口 125000kN 热模锻压力机基础设计时，采用弹性半空间理论进行计算，并对其中的关键问题和技术难点——弹性半空间上刚体的辐射阻尼理论进行创新，成功地解决了当时工程计算中使

杨先健工程手稿

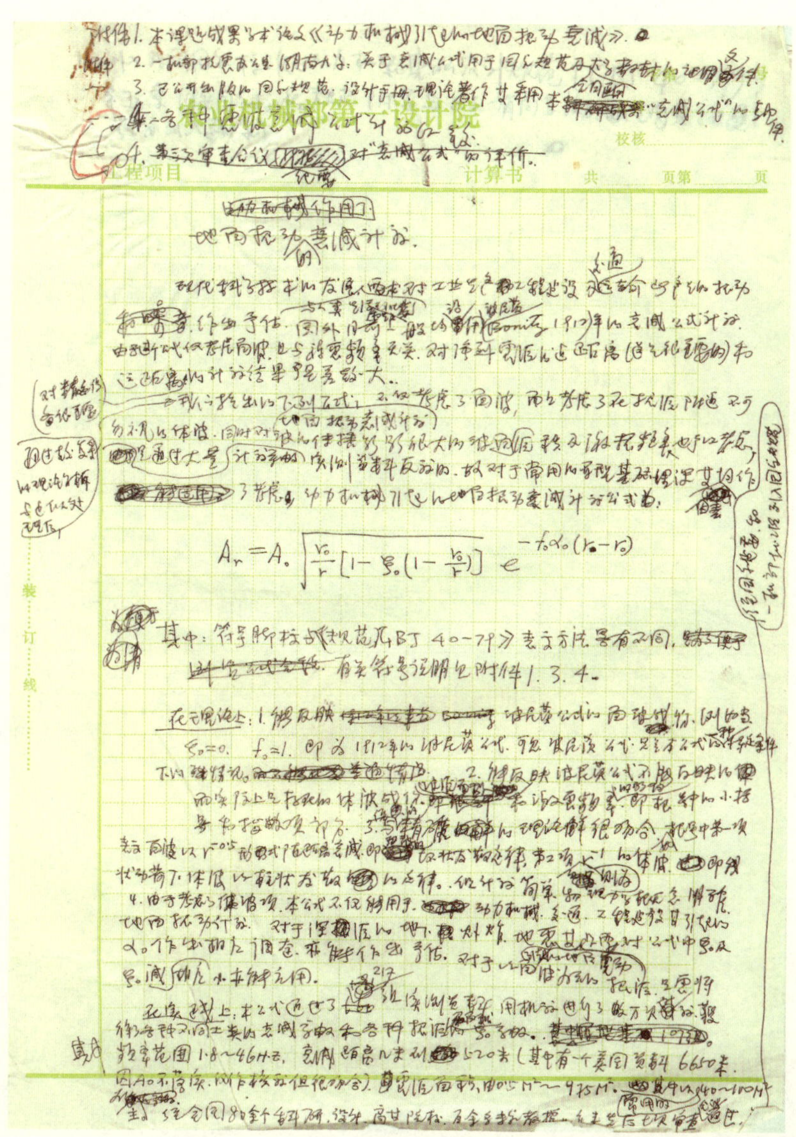

杨先健工程手稿

用其他方法得出结果过大的问题，节省了工程投资，并且为该理论应用于工程实践提供了成功的借鉴经验，杨先健也凭借此设计获得了全国第三届优秀建筑结构设计二等奖。

《16T 锻锤基础隔振方案》1 页，复印件，上有作者亲笔修改。此件为杨先健对 16T 锻锤基础隔振的两种方案进行比较的手稿复印件，上有作者修改笔迹，通过图示以及详

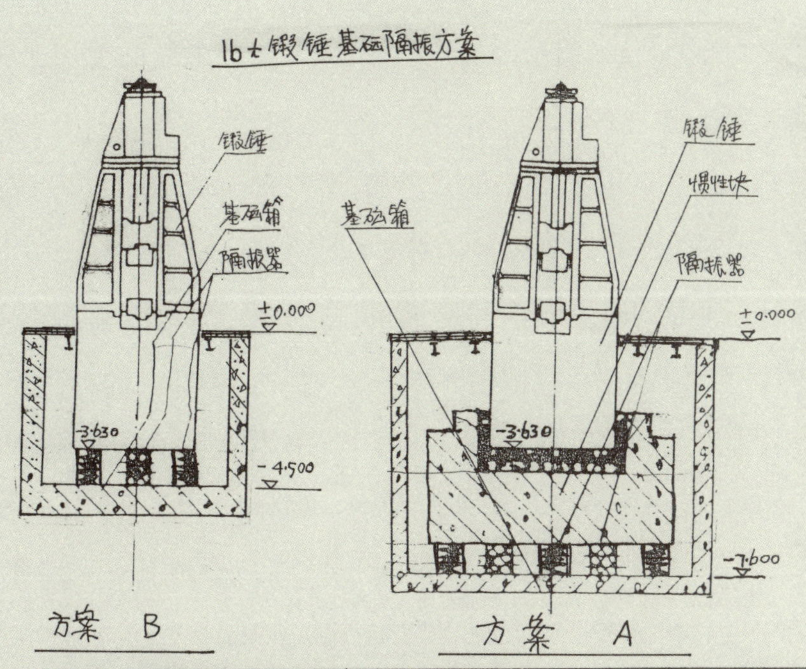

方案B.（不推荐方案）

优点：

1.造价低，比A方案减少2.5倍，约64万元（73）。

2、基坑比A方案减少深度3.1m。

3.隔振效率为95%。

砧座振幅过大，而发生弹簧断裂、阻尼器内阻尼剂泄漏，锻锤砧座错位严重等问题。

造价：　设计费15.0万

1.隔振器　30.0万

2.土建（基坑）　25.0万

3.盖板　3.0万

Σ　73.0万

技术措施

同方案A外，另加设保证砧座不错位措施。

缺点：

1.砧座振幅比A方案大3倍以上，约为18~20mm。

3.振动稳定性差，由于其重心提高，且11.6m高的锤身，基底宽仅2.5m。

4.发达国家如美国近年已发现采用B方案隔振的大型锻锤，由于……

结论：

1.由于本方案砧座振幅过大，其（比A方案）节省的造价可能在一个期内耗尽，以后即继续消耗而不良循环。

2、因此不推荐本方案

方案A.（推荐方案）

优点：

1.能控制锤砧座竖向振幅在5mm以内，因而能保证16t锤的锤击能量正常发挥。

2.本方案比B方案可多生产约780t锻件/年。即每年可增产585万元/年。

3.符合目前国际权威部门推荐的重型锻锤振幅控制值（小于、等于5mm）。

4.重心下移，振动稳定性好。可减少管道连结损坏。

5.隔振效率为95%。

缺点：

1.造价比B方案高约2.5（2.1）倍。

2.基坑深度比B方案深3.1m。

造价：　设计费15.0万

1.隔振器　60.0万。

2.土建（基础结构）　59.5万。

3.垫木　6.0万

4.基坑盖板　4.5万

Σ：145.5万

技术措施：

1.采用德国标准抗冲击特种弹簧钢。

2.隔振器设计上采取措施降低钢簧应力。

3.阻尼器采用优质阻尼剂。

结论：

1.本方案具有保证工艺生产稳定的优点，其造价比B方案多耗费的64（73）万元，投产后一个半月即可全部收回。以后即产生良性（增产的）循环。

2.因此推荐本方案。

细的优缺点、造价、技术措施的对比，清楚明确地分析了两种方案的优劣。与传统的锻锤砧座下直接隔振方式相比，杨先健采用的锻锤基础块下隔振方式更能减小锻锤打击时的能量损失，提高经济效益。

《粘流体阻尼器粘流体材料配方》，1 页，约写于 2002 年。此稿为杨先健经过研究与测试，对传统粘流体阻尼器粘流体材料配方进行改进，在 1967 年配制并于 2002 年重订的两种粘流体材料秘方。粘滞阻尼器一般由缸筒、活塞、阻尼通道、阻尼介质（粘滞流体）和导杆等部分组成。当工程结构因振动而发生变形时，安装在结构中的粘滞阻尼器的活塞与缸筒之间发生相对运动，由于活塞前后的压力差使粘滞流体从阻尼通道中通过，从而产生阻尼力，耗散外界输入结构的振动能量，达到减轻结构振动响应的目的。

《工业振动对古建筑的影响》手稿 1 册。此稿为杨先健所著关于工业振动对古建筑影响的论文，文中详细地分析、阐述了古建筑周围工业振动对古建筑本身可能造成的影响，为后来编写《古建筑防工业振动技术规范》打下了基础。

《环境振动中古建筑的防振保护》1 册，潘复兰、杨先健著，1994 年杨先健手书。此篇论文为杨先健与潘复兰合作编写，并于 1994 年 10 月 1 日发表于《中国土木工程学会第七届土力学及基础工程学术会议论文集》。文中根据波动理论和已有的实测资料，就环境振动对古建筑的影响做了分析研究，并根据不同振源的振动次数，对古建筑结构的整体波速、地基土波速及该古建筑的文物价值等主要因素，提出了古建筑允许振动值，并探讨了防振保护措施。

杨先健使用过的笔记本 2 册，1963 年，附杨先健查阅资料索书单，17 页。笔记本中内容为杨先健于 1963 年摘抄的多篇国内外学者的工程学论文资料，内容详尽，不仅将原文文字完整抄录，就连文中的图示及公式等也巨细无遗，杨先生刻苦钻研的精神彰显其中。附件为杨先健在图书馆查阅资料的索书单，其中 8 叶为 1963 年 11 月 25 日、26 日以及 12 月 1 日杨先生在北京图书馆借阅时所用。

斯特朗手稿及赠书

黄　霞

安娜·路易斯·斯特朗（1885—1970）是美国著名进步记者和作家，也是中国人民诚挚的朋友。她一生追求进步，坚持真理，以犀利的笔为武器，始终不渝地支持世界各国人民的民族独立和解放事业，尤其热情讴歌了中国人民的革命斗争和建设成就。她的一生，为增进中美两国人民间的相互了解和友谊作出了巨大贡献。

斯特朗对中国怀有深厚的感情，在历史的紧要关头，她曾 6 次访问中国。斯特朗热爱中国，信赖中国人民，同中国领导人毛泽东、周恩来、宋庆龄等结下了深厚的友谊。邓颖超曾说："斯特朗生于美国，死于中国，她是中美两国人民的共同骄傲，又是两国人民的友谊象征。"

斯特朗终生以笔为武器，用她那敏锐的洞察力，引人入胜的笔调，记录各国人民的革命斗争，传播各国人民的友谊。斯特朗以其惊人的勤奋和智慧，一生撰述上千篇作品，出版了 40 多部著作。她的作品被译成 10 多种文字，在全世界发行，影响着千百万读者。

said: "We should lead the masses
~~to carry on the revolution~~
continue the struggle against imperialism
& feudalism"
— Yeh Ting's army in Kiukiang
to Nanchang.
model of officers training school
set up by Chu Teh March 1927.
trained in half year over 1100 officers,
sent to Kiangsi areas lead workers &
peasants movement.
6) Kiangsi trade unions posters against
Chiang. (April 12, 27 Shanghai
massacre, poster after that.)
July 31 Nanchang ~~Middle School~~
girls Normal School. meeting of
leaders with Nanchang activists,
youth, women etc. KMT betrays
Rally for armed uprising &
cooperate with coming rising (no date)

3.) July 31 evening martial law is
enforced by revolutionaries at 2 a.m.
Chou, Ho Lung, Chu Teh, Yeh Ting, Liu Po cheng
led over 30,000 troops in uprising. in
3 hrs. heavy fight victory at dawn
eliminated 10,000 (3 divisions)
of KMT army of Nanchang, captured
over 10,000 rifles, 300 machine guns
most fighting in Park now called
Aug 1 Park. Main battle was at
enemy H 2.
Chu Teh was head of Security for KMT
Original plan for July 30 but one man
objected, so held discussion to convince,
finally fixed 4 a.m. Aug 1. At meeting
on 30th Ho Lung discusses with officers
& one vice-commander of battalion betrayed
on 31st, seen by soldier; so we
advanced time 2 hours.
Heaviest battle was enemy H2, which
knew already. Ho Lung directs it
over 3 hrs battle not one got away.

斯特朗手稿

其主要著作有：《换了人间》《千千万万中国人》《我为什么七十二岁来到中国》《人类的五分之一》和《中国人征服中国》等。

斯特朗逝世后，她的大部分著作手稿、赠书和信件以及她使用过的打字机、文件柜、证件、照片等，均于1980年移交北京图书馆（中国国家图书馆的前身）收藏。这批珍贵资料包括：

一、通信，包括普通通信及特殊通信。在特殊通信中，既有同中国国家领导人的通信，也有同知名人士如廖承志、唐明照、韩素音、斯诺、胡志明、西哈努克、李约瑟等人的通信。

二、著作手稿、笔记、资料。斯特朗1926年至1969年的著作手稿按专题和时代排列，可分为：大革命时期、来华之前、关于“纸老虎”的谈话及三次会见毛泽东的文章、在苏联被捕、“大跃进”、“人民公社”、“大炼钢铁”、“西藏问题”、“中印之战”、“越南和老挝战争”。

三、回忆录和自传。

四、正式出版的著作和笔记。

五、各国朋友征订《中国通讯》的信件。

六、各种文字（中、英、德、瑞）的《中国通讯》。

斯特朗的赠书包括：

China' smillions（《千千万万中国人》）、*One-fifthofmankind*（《人类的五分之一》）、*The Chinese Conquer China*（《中国人征服中国》）、*China' smillions-revolutionin Central China,1927*（《千千万万中国人：1927 年中国中心的革命》），该书撰于 1965 年，系《中国革命选集》第一部分，内有序言，扉页有作者亲笔签名。

斯特朗手稿和赠书的数量较大，在移交之初，国家图书馆即将其列为专库收藏，并在 20 世纪 80 年代和 90 年代分别派两位专家对其进行整理。20 世纪 80 年代，曾为“中国三 S 研究会”举办的“三 S 在中国事迹展”（注：三 S 指史沫特莱、斯诺和斯特朗）提供展品。2001 年，斯特朗的部分手稿和赠书被收入国家图书馆为纪念中国共产党成立 80 周年而编辑出版的《国家图书馆藏珍贵革命历史文献图录》一书。同年，在纪念中国共产党建党 80 周年的“国家图书馆藏珍贵革命文献展”上，也展出了部分斯特朗的手稿和赠书，其中记录“纸老虎”论断的手稿、“文化大革命”初期毛泽东为斯特朗在英文版《毛主席语录》上书写的签名和签名时的照片，每每引起观众的好奇和驻足观看。

透过斯特朗的手稿和赠书，今人可以了解这位特殊女性的思想品格和人格魅力。时至今日，斯特朗手稿和赠书仍然是人们研究斯特朗、研究中国现当代历史的重要资料。

国家图书馆藏马克思、恩格斯手稿

彭福英

在国家图书馆藏量丰富的名家手稿文库中，伟大革命导师马克思、恩格斯的手稿是其中最为璀璨的明珠。这些手稿是20世纪50年代北京图书馆（国家图书馆前身）从海外购得的。

1. 马克思书信两封。一封为马克思致女儿燕妮的信，1870年5月31日写于英国曼彻斯特，英文钢笔手书原件。信中，马克思谈到了恩格斯当时正在撰写的著作《爱尔兰史》和弗·阿·朗格的《工人问题》。同时提及杜西（小女儿爱琳娜）、龚佩尔特、弗雷德、小达金斯等家人和朋友，文笔生动幽默，落款老尼克（Old Nick）。此信已收入《马恩全集》第32卷。另一封是1877年8月25日马克思写给德利乌斯教授的信，德文钢笔手书原件。此信字迹工整，行文充满敬意，信中希望能与教授见面，并将自己的小女儿爱琳娜介绍给教授，因为此前爱琳娜曾翻译过该教授一篇关于莎士比亚的论文。

2. 恩格斯致保罗·拉法格（PaulLafargue，1842—1911）书信两封，1889年3月21

Manchester, 31 May, 1870.

My dear Child,

We were beginning to fret somewhat at the obstinate London taciturnity, but your letter has again cleared up the horizon. I think not that we shall stay longer than to the beginning of next week.

My cold is not yet quite gone, but the general state of health has wonderfully improved consequent upon the change of air. I see Gumpert almost daily and his advice is the more valuable the less he gets paid for it.

Here things are going on pretty much in the old track. Fred is quite jolly since he has got rid of „den verfluchten Commerce". His book on Ireland – which by the by costs him a little more time than he had at first supposed – will be highly interesting. The illustrious Doppelgänger who is so much up in the most recent Irish history, and plays so prominent a part in it, will there find his archeological material ready cut.

Lange's book – differs from an „Irish stew" in that particular point that it is all sauce and no substance. This muddle-headed meddler evidently intends to fish out some compliment from me in return for his sweets, but he is woefully mistaken. How much he has understood of the „Kapital" is clearly shown by his discovery that my theory of value has nothing whatever to do with the development on the „Arbeitstag" etc.

Our friend Gumpert settles more and more down into a liberal, town-talk speaking, commonplace sort of fellow. What with his self-produced and with his inherited family, this is hardly to be wondered at. It is too much of a good thing.

马克思、恩格斯手稿

日及3月23日写于伦敦，法文钢笔手书原件。拉法格是法国和国际工人运动著名活动家，法国工人党创始人之一，马克思的二女婿。恩格斯在信中提到了刚刚召开不久的海牙国际社会主义者代表会议，会上通过了拟在巴黎召开国际社会主义工人代表大会的开会日期、议程、权力等事宜。恩格斯指出可能派（19世纪末从法国工人党分裂出来的右翼派别）当时没有参加会议，是因为他们企图召开自己的国际社会主义者代表大会。信中希望拉法格要有耐心，不要急躁，要严格执行已经通过的决议，把海牙作为从敌人那里夺得的第一个阵地和将来获得成功的基础。这两封信为研究19世纪末欧美工人运动的发展和第二国际的成立提供了重要的线索和材料，均已收入《马恩全集》第37卷。

3. 马克思家人书信两封。其一为燕妮·龙格给其丈夫沙尔·龙格的信，英文钢笔手书原件，时间不详，信中谈及了马克思身体状况欠佳；其二为劳拉·拉法格1911年11月13日给其侄女阿比塔·龙格（或译为阿妮塔·龙格）的信，法文钢笔手书原件。

国家图书馆收藏的这批马恩手稿，为研究社会主义运动和国际工人运动提供了丰富的史料，具有极高的文献和文物价值。

革命文献掌故

珍贵的新四军作战命令

黄　霞

国家图书馆藏有一件抗日战争时期新四军的一次重要战役——讨伐伪军李长江部的作战命令原件，该命令文字为横向印刷，以下为命令全文：

讨伐李逆长江命令

1941年2月18日于盐城军部

查鲁苏皖游击前副总指挥李长江于本月十二日率部投敌，叛国殃民，并通电就伪第一集团军总司令职，配合敌寇向海安县、兴化国军进攻，为虎作伥。本军为坚持抗战，保卫苏北，决予讨伐该逆。兹特任命本军苏北指挥官粟裕为讨逆总指挥，叶飞为副指挥，刘炎为政治委员，仰即遵照，迅率所部歼灭李逆为要。

此令

新四军代军长陈毅

政委刘少奇

命令原件左上角斜向中心题署“发苏南区”。文末“此令”二字上盖有一方7厘米 ×7 厘米篆体阳文朱印，印文为“新四军军部印”。

这发黄的革命文物，仿佛把人们又带回到70年前那硝烟弥漫的战场，为大家讲述一段难忘的历史。

1941年皖南事变后，日汪调兵遣将，一面部署对新四军江北部队的进攻，一面对国民党苏鲁皖边游击军副总指挥李长江实行诱降。1941年2月13日，李长江率所部六个纵队一万余人在泰州公开投敌。汪精卫将该部编为第一集团军，特任李长江为总司令。

2月18日，在得到李长江宣布易帜投敌的消息后，陈毅、刘少奇发布“讨伐李逆长江命令”，任命粟裕为讨逆军总指挥。当天，粟裕就指挥新四军一师所属三个旅发起“讨李战役”。粟裕采取中央突破、两翼合围的战法，指挥部队沿海（安）泰（州）公路及其两侧向姜堰、泰州攻击前进，命令一旅攻克姜堰后直取泰州，二旅、

發蘇南區

查魯蘇皖游擊
通電就僞第一集團
本軍爲堅持抗戰保
討逆總指揮葉飛爲
要。

此

討伐李逆長江命令

41年2月18日　于鹽城軍部

總指揮李長江于本月十二日率部投敵叛國殃民并
司令職配合敵寇向海安縣興化國軍進攻爲虎作倀
北决予討伐該逆兹特任命本軍蘇北指揮官粟裕爲
揮劉炎爲政治委員仰即遵照迅率所部殲滅李逆爲

新四軍　代軍長　陳　毅
　　　　政　委　劉少奇

一九五零年三月五日館藏

珍贵的新四军作战命令

三旅从南北两翼围歼李长江主力。2 月 19 日午夜，粟裕率参谋、侦察及通信人员数人前进到泰州城郊指挥作战。他命令二旅一个主力团利用暗夜突入城内，直捣李长江的指挥所，打乱敌人的指挥体系，使敌军丧失了组织抵抗的能力，然后与其他攻城部队里应外合攻克泰州。这一举动完全出乎敌人意料。二旅一个主力团隐蔽接敌，从相距仅一百几十米的两座碉堡之间顺利进入城内，迅速打到李长江的指挥所。叛军猝不及防，乱作一团。混乱中，李长江翻墙逃跑。经过三天的激战，新四军第一师攻克泰州城及姜堰等重要据点，俘虏李长江部叛军 5000 多人，并争取了两个支队（团）的叛军反正。至此，讨李战役胜利结束。

这场讨李战役，是新四军重建后第一师与日伪军的第一次较量，在形势转变的紧急关头重振了新四军的神威，不仅粉碎了敌人“消灭新四军于立足未稳之际”的阴谋，给日汪蒋联合反共的逆流以当头棒喝，而且增强了广大军民坚持抗日斗争的信心，取得了军事上政治上的双重胜利。捷报传到延安，正在为反击国民党顽固派的反共逆流而运筹帷幄的中共中央领导人非常高兴。毛泽东特地给在重庆的周恩来发电报，指出：“李长江叛变，陈毅率新四军讨伐，20 日占领泰州，俘获人枪数千，李率数百人西逃，逆部有两个支队反正，望广为宣传。”

这件历经战火洗礼的作战命令 2005 年入藏国家图书馆。面对这样一件非常重要的革命文物，我们将会妥为保管、永久珍藏，使广大的读者可以永远缅怀老一辈无产阶级革命家的丰功伟绩，让研究人员可以更好地研究和利用它。

国家图书馆藏革命历史文献中的伪装本

黄　霞

伪装本又称“托名本”“伪装书”，是将封面印以伪装书名以掩盖其内容的书。在中华人民共和国建立以前，中国共产党领导及其影响下的出版机构，为对付反动当局查禁革命、进步书刊，常常将书刊进行伪装传播，其具体做法通常是采取封面伪装、不断变化书刊名称以及伪托别的出版社的名号等等。

在国家图书馆所藏革命历史文献书刊中，这样的伪装本为数不少。以内容划分，可分为反清民主革命宣传、毛泽东和中共领导人著作、中国共产党文件汇编、时事评论汇编、重要事件介绍等类别；在伪装形态上，有的仅伪装封面，有的是封面及书中部分内容伪装，从中我们不仅可以感受到当时斗争环境的险恶，更能体会到在秘密状态下坚持斗争的文化战士们斗争水平的高超。

国家图书馆有几种伪装本很有特点：中共领导人的著作，如毛泽东的名著《论持久战》，封面伪装题名“文史通义”，伪托出版者“上海广益书局印行”；毛泽东的另一名著

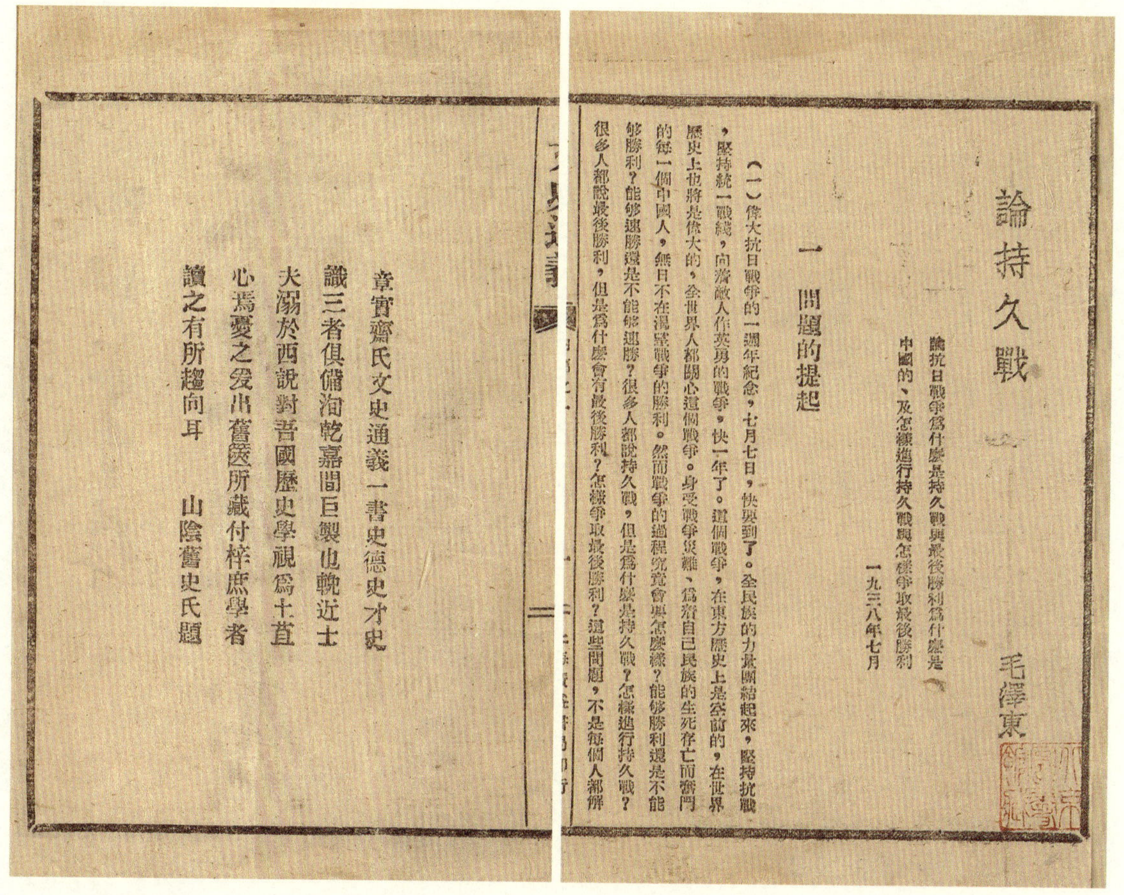
章實齋氏文史通義一書史德史才史識三者俱備洵乾嘉間巨製也晚近士大溺於西說對吾國歷史學視爲土苴心焉憂之爰出舊篋所藏付梓庶學者讀之有所趨向耳　山陰舊史氏題

論持久戰

毛澤東

論抗日戰爭爲什麼是持久戰與最後勝利爲什麼是中國的、及怎樣進行持久戰與怎樣爭取最後勝利

一九三八年七月

一　問題的提起

（一）偉大抗日戰爭的一週年紀念，七月七日，快要到了。全民族的力量團結起來，堅持抗戰，堅持統一戰綫，向着敵人作英勇的戰爭，快一年了。這個戰爭，在東方歷史上是空前的，在世界歷史上也將是偉大的，全世界人都關心這個戰爭。身受戰爭災難、爲着自己民族的生存而奮鬥的每一個中國人，無日不在渴望戰爭的勝利。然而戰爭的過程究竟會是怎麼樣？能夠勝利還是不能夠勝利？能夠速勝還是不能夠速勝？很多人都說持久戰，但是爲什麼是持久戰？怎樣進行持久戰？很多人都說最後勝利，但是爲什麼會有最後勝利？怎樣爭取最後勝利？這些問題，不是每個人都解

《新民主主义论》，其封面伪装题名则为“大乘起信论”，伪托出版者“北京佛教总会印”，该书封面右上方还有“阅毕送人，功德无量”的字样；刘少奇关于中国共产党建党理论的重要论著《论共产党员的修养》，其伪装题名为“论青年修养”，伪托“播种社”出版，伪托出版时间为 1938 年 12 月（而刘少奇这篇文章的讲演时间是 1939 年 7 月）。

中国共产党重要文献的伪装本，如两种“中共六大决议案”，其一封面伪装题名“新出绘图国色天香”，该书为出版家高尔松（1900—1986）所赠；其二封面伪装题名为“国民政府建国大纲”，伪托“上海三民学社”出版。有意思的是，在该书版权页还有“欢迎翻版”的字样。而 1947 年 10 月 10 日公布的《中国土地法大纲》，其封面题名则伪装成“论

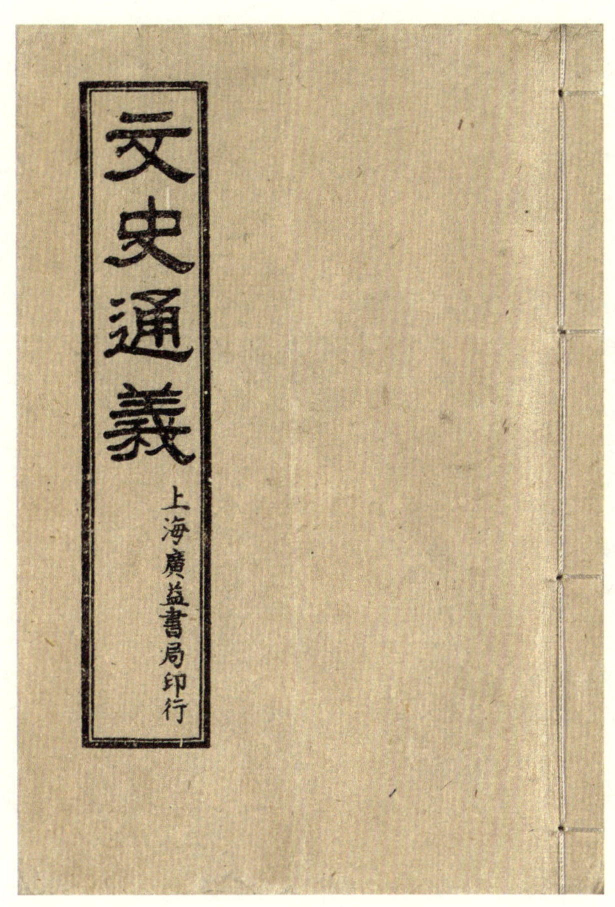

伪装为《文史通义》的《论持久战》

田赋法案”，伪托编者“北平地政学会”，伪托出版者“北平崇文书局印行”。

有关时事评论和报道的书，其伪装题名也很有特点。如伪装题名为“蒋委员长日记”的书，内容为“解放日报社论汇编”，该书封面的右下角还有用墨笔书写的“共匪书籍”几字，说明此书当年曾被国民党政府查抄。《一年来的一笔总账：解放军全年战绩统计》，伪装题名“朱柏庐先生治家格言”，伪托出版者“上海山东路文昌书局印”。《庆祝济南解放特刊》，封面伪装题名为“老残游记”。此书在伪装手段上有些特别，不仅封面伪装，为使书中内容不易被发现，书中内容也进行了部分伪装。翻过封面，是《老残游记》的原书目录，共二十章，第1—8页是《老残游记》原书第一章的全文，其后才是本书真正的目

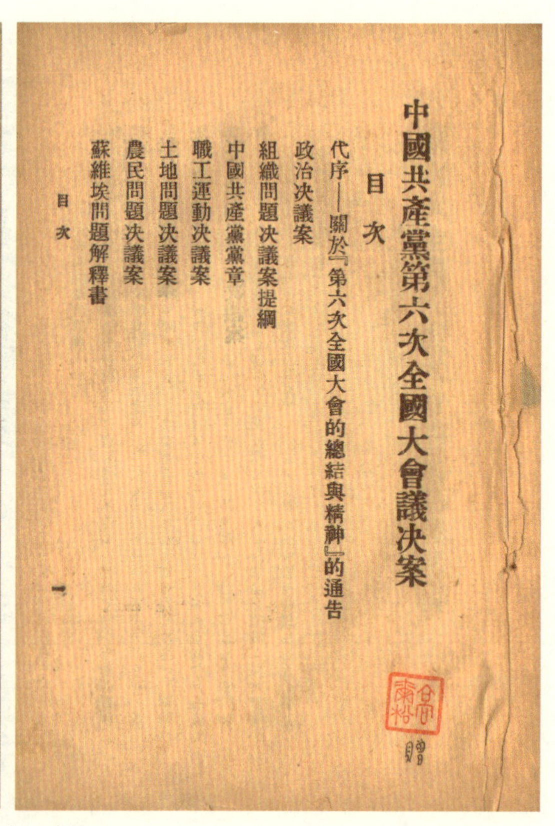

中國共產黨第六次全國大會議決案

目次

代序——關於『第六次全國大會的總結與精神』的通告
政治決議案
組織問題決議案提綱
中國共產黨黨章
職工運動決議案
土地問題決議案
農民問題決議案
蘇維埃問題解釋書

目次 一

伪装题名“新出绘图国色天香”的“中共六大决议案”

录和正文。

还有中国共产党在土地革命战争时期的机关刊物《布尔什维克》，也有多种伪装本：有的将题名伪装为“中央半月刊”，伪托出版者“中央执行委员会宣传部印行”；也有将封面题名伪装为“新时代国语教授书 第十册”，伪托“商务印书馆”出版。

这些伪装本在新民主主义革命不同的历史时期里，在传播马列主义、宣传中国共产党的方针政策和加深广大人民群众对中共政策的理解方面，都曾发挥过不可估量的重要作用。

中国共产党的第一份中央机关报
——《向导》周报

黄 霞

国家图书馆藏有中国共产党第一份中央机关报——《向导》周报。它是中国共产党创办的第一份公开发行的中央机关报。1922 年 9 月 13 日在上海创刊，蔡和森、彭述之、瞿秋白先后担任主编。陈独秀领导刊物的出版，并题写刊名。该报为 16 开本，设有“中国一周”“世界一周”“通信”“读者之声”“什么话”等专栏。主要发表时事政治评论文章，以宣传党的纲领、路线、方针、政策、指导群众斗争为主要任务。在创刊号《本报宣言》中鲜明地提出了中国共产党的奋斗目标:“反抗国际帝国主义”，“推倒军阀”，建立“统一、和平、自由、独立”的中国。在国民党“一大”以前，《向导》周报集中精力宣传中国共产党反帝反封建的革命纲领，积极帮助孙中山进行国民党的改组，推动革命统一战线的建立。在国共合作形成后，《向导》周报除继续宣传党的统一战线政策外，还对孙中山先

The Guide Weekly.

週報

定價

每份連郵費大洋三分以後有增刊不另加價

分售處

○廣州興昌馬路二十八號○上海亞東圖書館○北京國立大學出版部○長沙文化書社

每星期三出版　總發行所上海老西門肇浜路蘭發里三號

嚮導週報（第一期）

本報宣言

現在最大多數中國人民所要的是什麼？ 我們敢說是要統一與和平。 為什麼要和平？ 因為和平的反面就是戰亂，全國因連年戰亂的緣故，學生不能求學，工業家漸漸減少了製造品的銷路，商人不能安心做買賣，工人農民感受物價昂貴及失業的痛苦，兵士無故喪失了無數的性命，所以大家都要和平。 為什麼要統一？ 因為在軍閥割據互爭地盤互爭雄長互相猜忌的現狀之下，戰亂是必不能免的，只有將軍權統一政權統一，構成一個力量能夠統一全國的中央政府，然後國內和平才能夠實現，所以大家都要統一。 我們敢說：為了要和平要統一而推倒為和平統一障礙的軍閥，乃是中國最大多數人的真正民意。 近代民主政治，若不建設在最大多數人的真正民意之上，是沒有不崩壞的。

所謂近代政治，即民主政治立憲政治，是怎樣發生的呢？ 他的精髓是什麼呢？ 老老實實的簡單說來，只是市民對於國家所要的言論，集會，結社，出版，宗教信仰，這幾項自由權利，所以有人說，憲法就是國家給予人民權利的證書，所謂權利，最重要的就是這幾項自由。 所以世界各種民族，一到了產業發達人口集中都市，立刻便需要這幾項自由，也就立刻發生民主立憲的運動，這是政治進化的自然律，任何民族任何國家可以說沒有一個例外。 十餘年來的中國，產業也開始發達了，人口也漸漸集中到都市了，因此，至少在沿江沿海沿鐵路交通便利的市民，若工人，若學生，若新聞記者，若著作家，若工商業家，若政黨，對於言論，集會，結社出版，宗教信仰，這幾項自由，已經是生活必需品，不是奢侈品了。 在共和名義之下，國家若不給人民以這幾項自由，供政治進化的自然律，人民必須以革命的手段取待之，因為這幾項自由是我們的生活必需品，不是可有可無的奢侈品。 可是現在的狀況，我們的自由，不但在事實上為軍閥剝奪淨盡，而且在法律上為袁世凱私造的治安警察條例所束縛，所以我們一般國民尤其是全國市民，對於這幾項生活必需的自由，斷然要有誓死必爭的決心。 『不自由毋寧死』這句話，只有感覺到這幾項自由的確是生活必需品才有意義。

現在的中國，軍閥的內亂固然是和平統一與自由之最大的障礙，而國際帝國主義的外患，在政治上在經濟上，更是箝制我們中華民族不能自由發展的惡魔。 北京東交民巷公使團簡直是中國之太上政府；中央政府之大部分財政權不操諸財政總長之手，而操諸客卿總稅務司之手；

《向导》周报创刊号

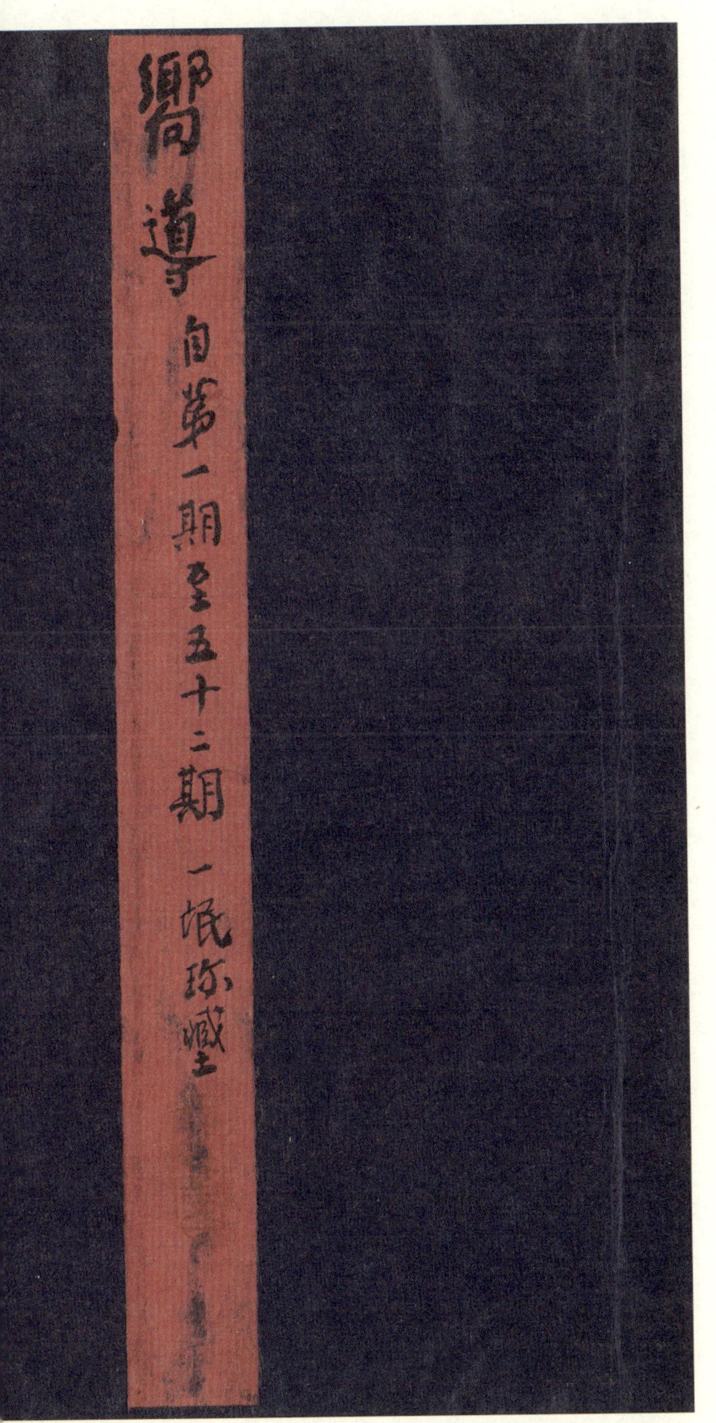

李一泯原藏《向导》周报封面

生提出的联俄、联共、扶助农工三大政策作了重点宣传。同时，它热情宣传和支持工农革命运动，促进了工农革命运动和国民革命的迅速发展。

该报的主要撰稿人有陈独秀、蔡和森、瞿秋白、高君宇、李达、彭述之、张国焘等，毛泽东、周恩来、赵世炎、王若飞、张太雷、李立三及共产国际驻中国代表马林（笔名孙铎）等也发表过一些重要文章。陈独秀在《向导》上发表了270多篇文章，几乎每期都有他的作品。蔡和森除用“和森”署名发表了130多篇文章外，还用“本报同人”“记者”等名字发表了不少文章。瞿秋白也为《向导》写过60多篇社论和述评。《向导》周报发行期间，所刊载的关于工农运动的文章共205篇，其中著名的有：赵世炎以笔名“施英”所写的一至七论《上海的罢工潮》（第159—172期）、蔡和森的《今年五一之广东农民运动》（第112期）、毛泽东的《湖南农民运动考察报告》（第191期）、瞿秋白的《农民政权与土地革命》（195期）、彭湃的《关于海丰农民运动的一封信》(第70期)等。

《向导》周报曾先后随中共中央迁往北京、广州、武汉等地出版发行，在中国内地许多大中城市、香港及巴黎、东京等地设有30多个分销处，发行量由开始的3000份激增至4万份，最多时近10万份，深受读者欢迎，被誉为“黑暗的中国社会的一盏明灯”，成为我国第一次国内革命战争时期影响最大的一份报纸。1927年7月18日，汪精卫叛变革命后被迫停刊。共出201期。

中国共产党的第一份党刊
——《共产党》月刊

黄　霞

国家图书馆藏有一件中国共产党建党之初的重要文献——《共产党》月刊。该藏品由新中国成立后国家图书馆的首任馆长冯仲云捐赠，十分珍贵。

《共产党》月刊是中国共产党上海发起组创办的党内机关刊物，也是中国共产党的第一份党刊。1920年8月，在共产国际代表维金斯基的帮助下，陈独秀、李达、李汉俊、俞秀松等成立了上海共产主义小组（后被称为中国共产党上海发起组）。中共上海发起组建立后，积极开展工作推动各地共产党组织的建立。如何使分散在全国各地的党组织从思想上、组织上统一起来，增强凝聚力，从而建立一个全国性的无产阶级政党，成为摆在中共发起组面前亟待解决的问题。1920年11月7日，在十月革命三周年纪念日这一天，中共上海发起组创办了最早的党内机关刊物《共产党》月刊。该刊秘密发行全国，最高

共產黨

每月一次　　七日出版

第一號　　一九二〇年十一月七日　　實價一角

短言

經濟的改造自然占人類改造之主要地位。吾人生產方法除資本主義及社會主義外，別無他途。資本主義在歐美已經由發達而傾於崩壞了，在中國才開始發達，而他的性質上必然的罪惡也照例扮演出來了。代他而起的自然是社會主義的生產方法，俄羅斯正是這種方法最大的最新的試驗場。意大利的社會黨及英美共產黨，也都想繼俄而起開闢一個新的生產方法底試驗場。

中國勞動者布滿了全地球，一日夜二十四小時中太陽都照着我們工作。但是我們無論在本土或他國都沒一個是獨立生產者，都是向資本家賣力。我們在外國的勞動者固然是他們資本家底奴隸，在本土的勞動者也都是本國資本家底奴隸或是外國資本家底直接的間接的奴隸。要想把我們的同胞從奴隸境遇中完全救出，非由生產勞動者全體結合起來，用革命的手段打倒本國外國一切資本階級，跟着俄國的共產黨一同試驗新的生產方法不可。什麼民主政治，什麼代議政治，都是些資本家爲自己階級設立的，與勞動階級無關。什麼勞動者選議員到國會裏去提出保護勞動底法案，這種話本是爲資本家當走狗的議會派替資本家做說客來欺騙勞動者的。因爲向老虎討肉吃，向强盜商量發還贓物，這都是不可能的事。我們要逃出奴隸的境遇，我們不可聽議會派底欺騙，我們只有用階級戰爭的手段，打倒一切資本階級從他們手搶奪來政權；并且用勞動專政的制度，擁護勞動者底政權，建設勞動者的國家以至於無國家，使資本階級永遠不至發生。無政府主義者諸君呀！你們本來也是反對資本主義反對私有財產制的，請你們不要將可寶貴的自由濫給資本階級。一切生產工具都歸生產勞動者所有，一切權都歸勞動者執掌，這是我們的信條；你們若非甘心縱容那不肯從事生產勞動的資本家作惡，也應該是你們的信條。

《共产党》月刊创刊号

发行量达5000多份，是各地共产主义小组的必读材料之一。该刊为16开本，到1921年7月7日停刊，共出版6期。李达任主编，中共上海发起组的许多成员均是该刊的撰稿人。

《共产党》月刊第一次在中国大地上树起“共产党”的大旗，阐明了中国共产党人的基本政治主张。围绕着“为什么建党”“建设什么样的党”“党的任务是什么”等一系列基本问题进行宣传。该刊根据建党工作的需要，用大量篇幅宣传了马列主义的建党思想和有关共产党的知识，其中包括共产国际和国际共产主义运动的情况，俄国共产党的经验和列宁的学说，如译载有关列宁在俄共第九次全国代表大会上的演说、《国家与革命》第一章等重要著作。该刊还着重批判了无政府主义，所登载的《社会革命的商榷》《无政府主义之解剖》《我们为什么主张共产主义？》《我们要怎么样干社会革命？》等文章，阐述了马克思主义和无政府主义的根本区别。此外，《共产党》月刊还发表了一些文章，开始用马克思主义的理论来分析中国国情，研究中国的社会性质和革命的对象、任务、动力等基本问题，对中国共产党的纲领作了初步探讨。

《共产党》月刊所登载的文章和资料为正在筹建中国共产党的各地共产主义小组成员提供了重要的思想武器，使他们对共产党的纲领、性质、特点、组织原则、组织机构等问题有了进一步的了解，提高了大家对共产党的认识，这对于建立一个全国性的在思想上、组织上完全统一的无产阶级政党，起了很好的宣传和组织作用。

《少年》和《赤光》

黄　霞

《少年》是旅欧中国少年共产党和中共旅欧支部的机关刊物。1922 年 8 月 1 日创刊。前期主要由赵世炎负责编辑，陈延年、陈乔年等负责刻蜡版、油印、装订和发行等工作。1923 年 3 月以后，周恩来接替他们，承担编辑、发行重任；李富春、邓小平、傅钟、李大章等也先后参与了这一工作。《少年》初为月刊，红色封面，16 开本，曾停刊两个月。1923 年 3 月 1 日复刊出版第 7 期，改为 24 开本。从第 10 期（1923 年 7 月 1 日出版）起，改为不定期刊。到 1923 年 12 月 10 日，共出版了 13 期。该刊是偏重于理论的刊物，曾摘要登载过马克思、恩格斯、列宁等有关经典著作，还发表了周恩来的《共产主义与中国》《宗教精神与共产主义》《告工友》《十月革命》等重要文章，在加强党团员的马克思主义教育、宣传党的方针政策方面起了重要作用。此后根据国内团中央指示，旅欧共青团决定将《少年》改名为《赤光》。1924 年 2 月 1 日，《赤光》创刊号出版，《少年》即终刊。

《赤光》是中国共产党旅欧支部和中国共产主义青年团旅欧总支部的机关刊物，其

本號目錄

頁數

本誌通信處

Boite Postale No9
Paris 13e
France

《少年》第二期

前身是《少年》。1924年2月1日，《赤光》在巴黎正式创刊，为16开本的油印半月刊。该刊由周恩来任主编，参加编辑刻印工作的还有邓小平、李富春等。与《少年》以理论宣传为主不同，《赤光》偏重联系实际，该刊在宣传党的路线方针政策、团结和教育旅欧勤工俭学学生和华人、指导他们积极参加反帝反封建的革命斗争方面，发挥了很好的作用。周恩来是《赤光》的主要撰稿人，在第1至10期上，共发表署名文章30多篇。他在第2期上发表的《革命救国论》一文，对中国革命的对象、任务、动力，即敌我友等重大问题作了阐述。邓小平也以"希贤"或其他化名发表过许多充满激情的战斗檄文，如《请看反革命的青年党之大肆捏造》《请看国际帝国主义之阴谋》和《请看〈先声周报〉之第四批造谣的新闻》等，他的笔触尖锐、泼辣，富有强烈的战斗性。

该刊不仅栏目生动活泼，形式多样；文章短小精悍，切中时弊，而且刊物的装帧简雅，字体秀挺，版面清晰，在勤工俭学学生和华工、华人中具有很大的影响，被誉为"我们奋斗的先锋"和"旅法华人的明星"，这其中无疑有着"油印博士"邓小平的一份功劳。1926年，在旅欧党、团员大批回国或赴苏联学习后，留下的党、团员继续出版《赤光》，至1930年3月止，共出版55期。

国家图书馆藏《诺尔曼·白求恩纪念册》

黄 霞

国家图书馆藏有1940年八路军政治部、卫生部为纪念伟大的国际共产主义战士诺尔曼·白求恩以身殉职而出版的纪念册，书中收入了毛泽东著名的《学习白求恩》(后改名《纪念白求恩》)一文。

诺尔曼·白求恩，1890年出生于加拿大安大略省格雷文赫斯特镇一个牧师家庭。1916年毕业于多伦多大学医学院。1935年被选为美国胸外科学会会员、理事。他的胸外科医术在加拿大、英国和美国医学界享有盛誉。同年11月，加入加拿大共产党。1936年西班牙战争爆发后，他率医疗队奔赴马德里前线，抢救反法西斯战士。

1938年1月，白求恩受加拿大共产党和美国共产党的派遣，率领一个由加拿大人和美国人组成的医疗队，带着大量医疗器材奔赴中国，支援中国人民的正义斗争。在武汉八路军办事处，周恩来接见了他。3月底，他们到达延安。毛泽东会见了他，热情赞扬他不远万里来到中国，帮助中国人民抗日。6月17日，他带领的医疗队来到晋察冀军区，

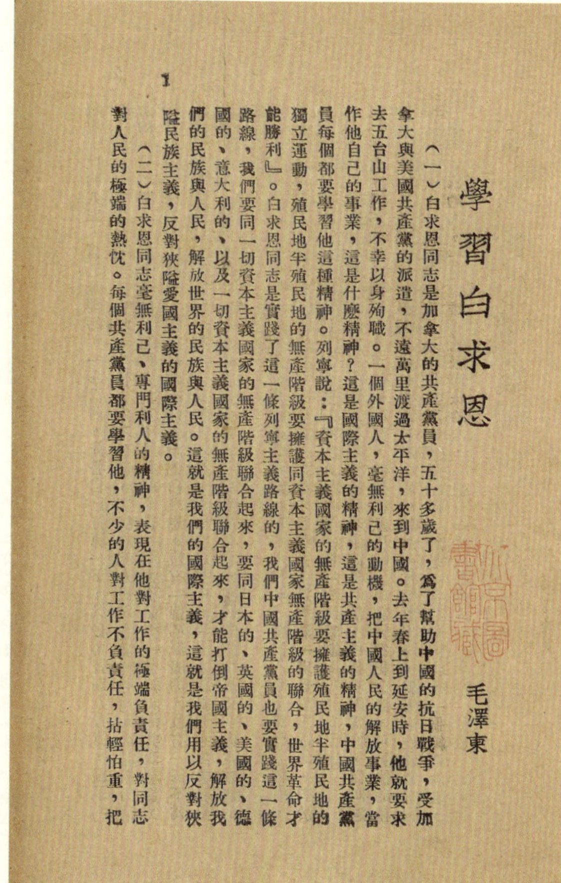

1

學習白求恩

毛澤東

（一）白求恩同志是加拿大的共產黨員，五十多歲了，爲了幫助中國的抗日戰爭，受加拿大與美國共產黨的派遣，不遠萬里渡過太平洋，來到中國。去年春上到延安時，他就要求去五台山工作，不幸以身殉職。一個外國人，毫無利己的動機，把中國人民的解放事業，當作他自己的事業，這是什麼精神？這是國際主義的精神，這是共產主義的精神，中國共產黨員每個都要學習他這種精神。列寧說：『資本主義國家的無產階級要擁護殖民地半殖民地的獨立運動，殖民地半殖民地的無產階級要擁護同資本主義國家無產階級的聯合，世界革命才能勝利』。白求恩同志是實踐了這一條列寧主義路線的，我們中國共產黨員也要實踐這一條路線，我們要同一切資本主義國家的無產階級聯合起來，要同日本的、英國的、美國的、德國的、意大利的、以及一切資本主義國家的無產階級聯合起來，才能打倒帝國主義，解放我們的民族與人民，解放世界的民族與人民。這就是我們的國際主義，這就是我們用以反對狹隘民族主義，反對狹隘愛國主義的國際主義。

（二）白求恩同志毫無利己，專門利人的精神，表現在他對工作的極端負責任，對同志對人民的極端的熱忱。每個共產黨員都要學習他，不少的人對工作不負責任，拈輕怕重，把

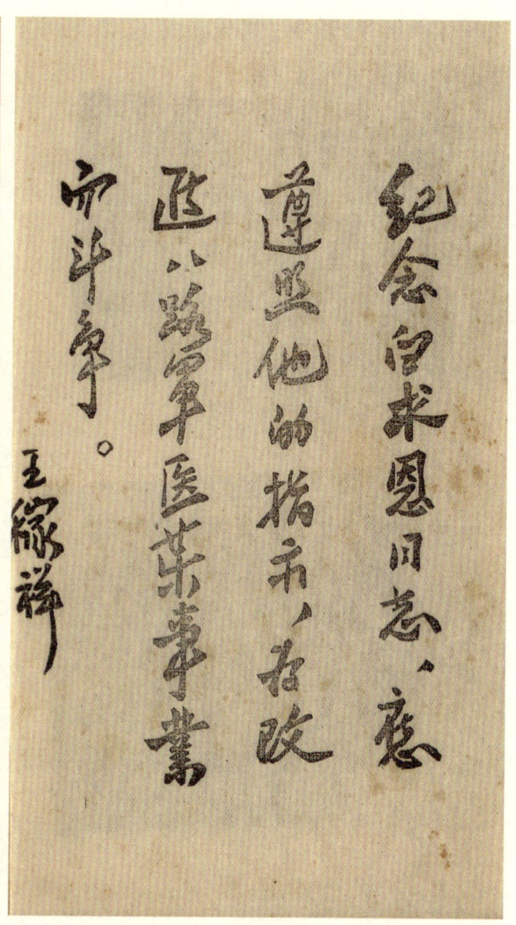

紀念白求恩同志，應遵照他的指示，在改進八路軍医藥事業而斗爭。

王稼祥

聂荣臻司令员聘他为晋察冀军区卫生顾问。在此后近两年的时间里，他以满腔的热忱、高度的责任心、忘我的牺牲精神和精湛的医术，冒着敌人的炮火，救护八路军伤病员。

为减少伤员的痛苦和残疾，他把手术台设在离火线最近的地方。1938 年 11 月底，他率医疗队到山西雁北进行战地救治，两昼夜连续做了 71 次手术。1939 年 2 月，他率 18 人的“东征医疗队”到冀中前线救治伤员，不顾日军炮火威胁，连续工作 69 小时，为 115 名伤员做了手术。为改进抗日根据地医疗卫生工作，他提出开办卫生材料厂，解决药品不足问题。他创办医护训练班，培训了大批医务干部，还为冀中部队建立了 13 个手术

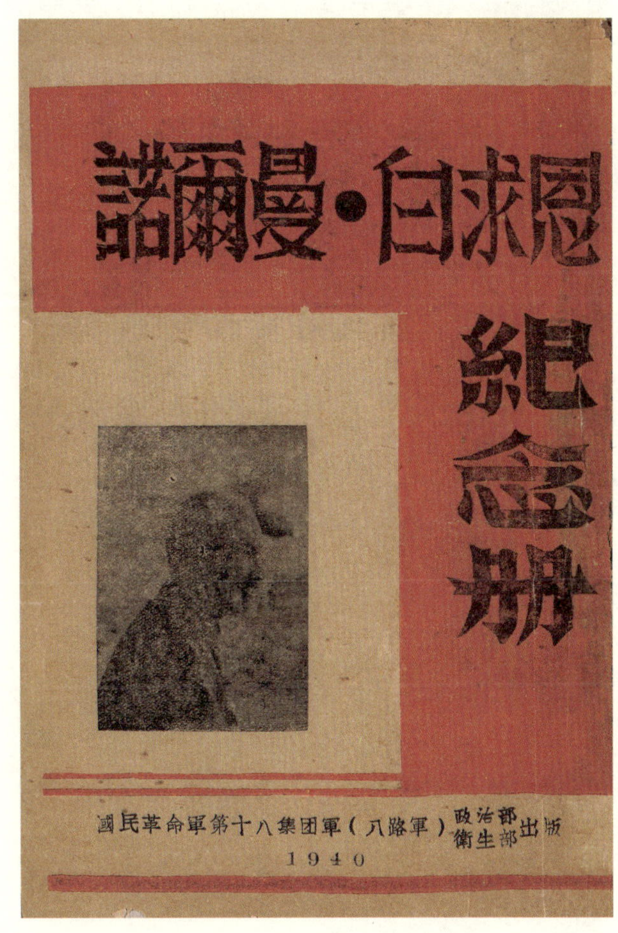

《诺尔曼·白求恩纪念册》

室和包扎所。1939 年 6 月返回冀西后，他又创办卫生学校，亲自制定课程，编写教材近 20 种。1939 年 10 月下旬，在河北省涞源县摩天岭前线抢救伤员时，他的左手中指不慎被手术刀割破，他不顾伤痛和高烧，仍坚持战地救护工作。后因感染中毒，转为败血症，于 11 月 12 日在河北省唐县黄石口村逝世，终年 49 岁。11 月 17 日，晋察冀边区党、政、军领导机关和驻地群众为他举行了隆重的葬礼。12 月 1 日，延安各界举行追悼大会，毛泽东题写了挽词。

12 月 21 日，毛泽东为八路军政治部、卫生部将在 1940 年出版的《诺尔曼·白求恩纪念册》写了《学习白求恩》一文。《诺尔曼·白求恩纪念册》一书中还收入了朱德的《追悼白求恩同志》、王明的《纪念白求恩同志》、中国共产党中央委员会的《慰问白求恩医师家属电》等6篇文章。该书封面和书前均有白求恩的照片，书前有王稼祥的题词。毛泽东在《学习白求恩》一文中高度赞扬了白求恩的共产主义、国际主义精神，号召每一个共产党员向他学习。该文新中国成立后在编入《毛泽东选集》第二卷时，标题改为《纪念白求恩》。

新文化运动的号角——《新青年》

黄　霞

《新青年》初名《青年杂志》，1915年9月15日由陈独秀在上海创办，1916年9月第2卷第1期起改名为《新青年》。16开本。至1926年7月终刊，它经历了月刊（1915年9月创刊到1922年7月，共出9卷54期）、季刊（1923年6月到1924年12月，共出4期）、不定期刊（1925年4月到1926年7月终刊，共出5期）三个阶段，并先后在上海、北京、广州等地出版。《新青年》前后共刊行了11年，按其发展的革命历程，又可分为三个时期：

一是自1915年创刊到1919年"五四运动"之前，这一时期的《新青年》是宣传资产阶级民主革命思想的刊物。它吹响了新文化运动的号角，高举起民主和科学两面大旗，反对封建文化和封建礼教，提倡新文学，反对旧文学，在当时形成了以《新青年》为中心的新文化阵营。在反对封建礼教的斗争中，《新青年》先后发表了陈独秀的《敬告青年》《吾人最后之觉悟》《宪政与孔教》，李大钊的《青春》《新的！旧的！》，鲁迅的《狂人日记》《我

第一卷全

新青年

上海群益書社印行

《新青年》

之节烈观》《我们现在怎样做父母》，易白沙的《孔子评议》，吴虞的《家族制度为专制主义之根据论》《吃人与礼教》等文章。在“文学革命”方面的著名文章有：胡适的《文学改良刍议》、陈独秀的《文学革命论》、刘半农的《我之文学改良观》和钱玄同的《中国今后之文学问题》等。1918 年 5 月，鲁迅在《新青年》4 卷 5 号上发表的白话文小说《狂人日记》，把“文学革命”的内容和形式很好地结合起来，是中国文学革命的里程碑。

二是从“五四运动”前后到中国共产党成立之初。这个时期的《新青年》由一个宣传资产阶级民主主义思想的刊物，逐渐转变成宣传马克思主义的刊物。1918 年 11 月，李大钊在该刊 5 卷 5 号上发表《布尔什维主义的胜利》和《庶民的胜利》两篇文章，赞扬十月革命，这标志着中国的先进分子已开始接受马克思主义。1919 年 5 月，他在 6 卷 5 号上发表的《我的马克思主义观》一文，是我国第一次对马克思主义作比较系统完整的介绍。自第 8 卷第 1 号（1920 年 9 月 1 日）起，该刊成为上海共产主义小组公开出版的机关刊物。

三是从中国共产党成立到 1926 年 7 月终刊。这一时期的《新青年》是中共中央的理论性机关刊物。它大量登载介绍国际共产主义运动及苏俄革命经验等方面的文章，为中国革命提供了有益的借鉴。同时，该刊对中国共产党在民主革命时期的纲领、策略等问题，在理论上也作了初步的探讨。

在《新青年》11 年的发展历程中，始终随着时代的步伐不断前进，用它的革命思想和战斗精神，影响和培养了“五四”时期整整一代的革命者。《新青年》代表了“五四”时期先进文化的前进方向，在中国现代社会转型的过程中曾经起过重要的精神桥梁作用。

馆藏《新青年》由于受民国时期印刷纸质的影响，有些纸张目前已呈酸化、焦脆的状态，亟待脱酸修复保护，希望我们能保护好这些革命历史文献，保护号这些文献，就是保护一段革命的历史。

《太平天国战史》

黄　霞

《太平天国战史》是辛亥革命准备时期革命党人兴汉反清的宣传品之一。与《警世钟》《猛回头》《革命军》等一样，曾风行海内外，对宣传鼓动辛亥革命起到了积极的作用。

该书是在孙中山先生的直接授意下写成的。孙中山不仅在幼年深受洪秀全领导的太平天国运动的影响，而且一直保持着这一巨大影响。他本人及其所领导的革命党人把太平天国领袖作为自己的先驱，自认为是洪秀全反清革命的后继者。孙中山还曾以“洪秀全第二”自居。太平天国的战斗业绩和革命精神不仅为辛亥革命的领袖们树立革命志向提供了思想资料，而且成为革命党人鼓动反清革命思潮的重要内容。在孙中山后来领导中国革命的过程中也非常注意吸取太平天国的经验教训。

1902 年，当反清革命思潮正在留日学生和国内知识界酝酿之际，孙中山就认为太平天国之史事“为吾国民族大革命之光辉史”，授意留日学生刘成禺以日人曾根俊虎所著《满清纪事》一书为基础，参考孙中山本人所收藏英人呤唎所著《太平天国革命亲历记》、日

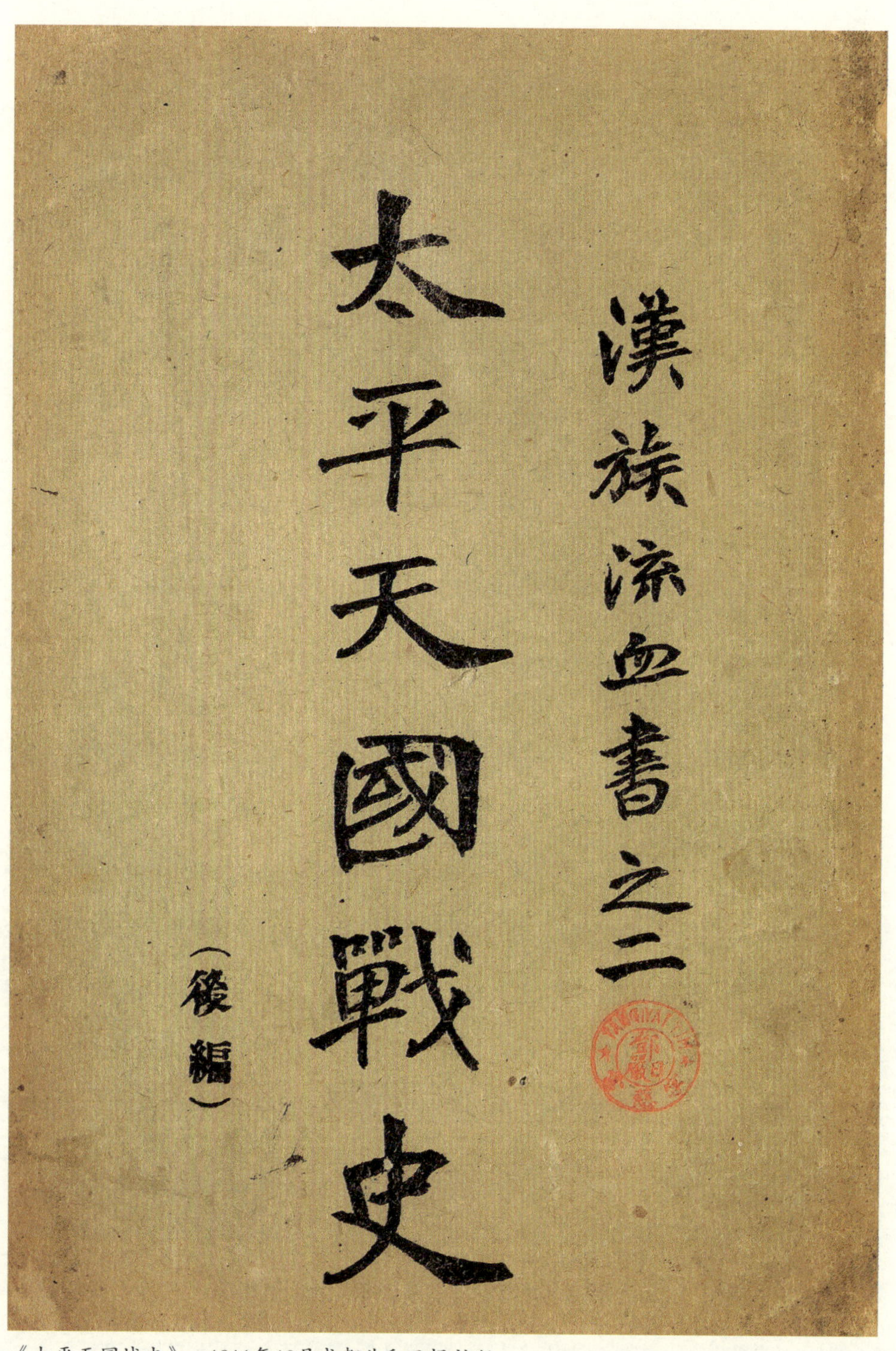

《太平天国战史》，1911年12月成都共和日报社版

本进步党领袖犬养毅所藏之英人著作 *Taipen Rebellion* 及各种官书，搜罗遗闻，撰著成书，旨在“发扬先烈，用昭信史，为今日吾党宣传排满好资料”。

1904 年，刘成禺写成《太平天国战史》，共 6 万字，交由日本东京祖国杂志社出版，作者署名汉公，分前、后编两册发行。该书以夹叙夹议的笔法，大体沿着太平军的进军路线，记叙了自 1851 年金田起义至 1861 年安庆失陷前后的战事。孙中山亲自为该书作序，云：“汉公是编，可谓扬皇汉之武功，举从前秽史一澄清其奸，俾读者识太平朝之所以异于朱明，汉家谋恢复者不可谓无人。洪门诸君子手此一编，亦足征高曾矩矱之遗，当世守其志而勿替也。”

革命党人对此书非常重视，曾在《民报》上发广告，为其作宣传。《民报》第九号（1906 年 11 月 30 日出版）有这样一则广告：

太平天国战史上卷再版出现

太平天国战史中卷初版出现

——是书可作汉族近世独立史读

——是书可作太平朝政治史外交史及人物志读

——是书体裁完美义例森严可称绝作

——是书文章宏丽骏快与时下出版物异趣

而《民报》第十号（1906 年 12 月 22 日出版）的广告更可称得上是上一则广告的续篇：

太平天国战史上卷三版出现广告

太平天国战史中卷初版出现广告

余杭章太炎先生署眉

日本白浪庵滔天宫崎先生题词

留学美国 Harvard 大学学生汉南君题词

本书参考中外东西书籍数十百种，以东西史家炯眼纪述当日太平朝与满清战役，旁及典章制度人物事迹。以太史公夹论叙爽之法施之行文。不独史界杰作，抑亦文界巨制。著者留学美国某著名大学，得英文太平战史数千页，将以课暇尽译述之以为战史材料。读者请刮目以待。上卷自甲辰出版后风行海内，现时再版以应爱读者诸君之厚望。

本书曾经《民报》《复报》《中西日报》《大同日报》各大杂志新闻或著论介绍或题诗表扬，又得我国近代民族主义伟人余杭章太炎先生署眉，日本侠士《革命评论》杂志编辑人白浪滔天宫崎先生、留学美国哈弗尔大学学生汉南君题词，岂惟本书之光荣，亦史界之佳话也。

《太平天国战史》在海内外流传甚广，反响强烈。因其属于兴汉反清的秘密宣传品，还谈不上是严格意义上的学术研究。虽然，孙中山先生在序言中赞许该书“扬皇汉之武功，举从前秽史一澄清其奸，俾读者识太平朝之所以异于朱明，汉家谋恢复者不可谓无人”，并称其为太平天国的“一代信史”，但事实上，该书内容在时间、情节、兵力、官衔等方面与史实出入颇大，误漏之处甚多，大体上反映了20世纪初太平天国史的研究水平，史学价值不高。其最可贵之处在于它公开反清，号召革命。

该书作者刘成禺（1876—1953），近代资产阶级革命者。本名问尧，字禺生，笔名壮夫、汉公、刘汉，原籍湖北武昌，生于广东番禺。1902年，他受湖北官派赴日留学，在孙中山领导下积极从事反清活动。1903年加入兴中会，并入日本成城陆军预备学校。因发表反清演说，被逐出东京。1904年赴美留学，主持旧金山《大同日报》，大力宣传革命主张与孙中山学说，并将孙中山介绍给旅欧湖北留学生。1911年武昌起义爆发后，离美返国，在沪加入“南社”。1912年，任南京临时参议院湖北省参议员、北京临时参议院议员。次年4月，第一届正式国会开幕，任参议院议员。二次革命时，被袁世凯通缉，逃往上海。1917年8月，任广州国会非常会议参议院议员；9月，被孙中山聘为大元帅府顾问。1921年5月，奉派为总统府宣传局主任。1922年6月陈炯明叛变，孙中山脱险后，命刘游说办理“和赣制粤”策略。1923年3月，被孙中山任为大本营参议；12月，国民党发表改组宣言，被任为临时中央执行委员。1931年任监察院监察委员。1932年回湖北，后从事湖北文献纂修工作。1947年10月在广州就任两广监察使。1953年在武昌病逝。著有《太平天国战史》《洪宪纪事诗》《世载堂诗集》《世载堂杂忆》等。

《太平天国战史》国家图书馆所存版本有两种：一、日本东京祖国杂志社1904年版。仅存前编1卷；二、太平天国战史，前后编，成都共和日报社，1911年12月出版。2册，18开。

参考文献

1. 郭毅生，史式主编. 太平天国大辞典. 中国社会科学出版社，1995.

2. 刘成禺. 先总理旧德录. 载丘权政，杜春和编. 辛亥革命史料选辑续编. 湖南人民出版社，1983.

3. 孙中山著. 太平天国战史序. 孙中山全集. 中华书局，2006.

宣传鼓动革命的战斗号角：《猛回头》和《革命军》

黄　霞

《猛回头》是清末资产阶级民主革命的先驱陈天华的名作。

陈天华（1875—1905），别字星台，号思黄，又号过庭，1875年生于湖南新化。1898年入新化求实学堂，受到维新思想的影响。后又曾到省城的岳麓书院求学。1903年春，以官费生被送日本留学，入弘文学院师范科。不久，拒俄运动爆发，他积极投入这场爱国运动，加入了拒俄义勇队、军国民教育会。后回国准备策动武装起义。同年，先后撰写了《猛回头》和《警世钟》两书，以强烈的爱国精神和革命勇气，揭露帝国主义列强瓜分中国已迫在眉睫，指出清朝政府已成为“洋人的朝廷”，号召全国各阶层民众团结起来，实行排满，“杀那洋鬼子”，在社会上引起强烈反响。次年初，陈天华回到长沙，参与组织华兴会，与黄兴等密谋准备长沙起义，事泄未成，又被迫流亡日本，入东京法政大学。

1905年6月，与宋教仁等创办《二十世纪之支那》杂志。8月，中国同盟会成立，他担任秘书，并被推为会章起草人之一。他在《民报》上先后发表了《最近政见之评决》《中国革命史论》等文章和政治小说《狮子吼》。同年11月，日本文部省颁布歧视并限制中国留学生的《清国留学生取缔规则》，留日学生发动了抵制这个规则的强大运动。为了激励人心，陈天华在12月7日留下《绝命书》万余字，决心以死来激励国人“共讲爱国”。次日，在东京大森海湾投海自尽，以死报国，时年三十岁。次年闰四月初一，其灵柩经黄兴、禹之谟倡议筹办运回长沙，各界不顾官方阻挠，将其公葬于岳麓山。孙中山称赞其为“热

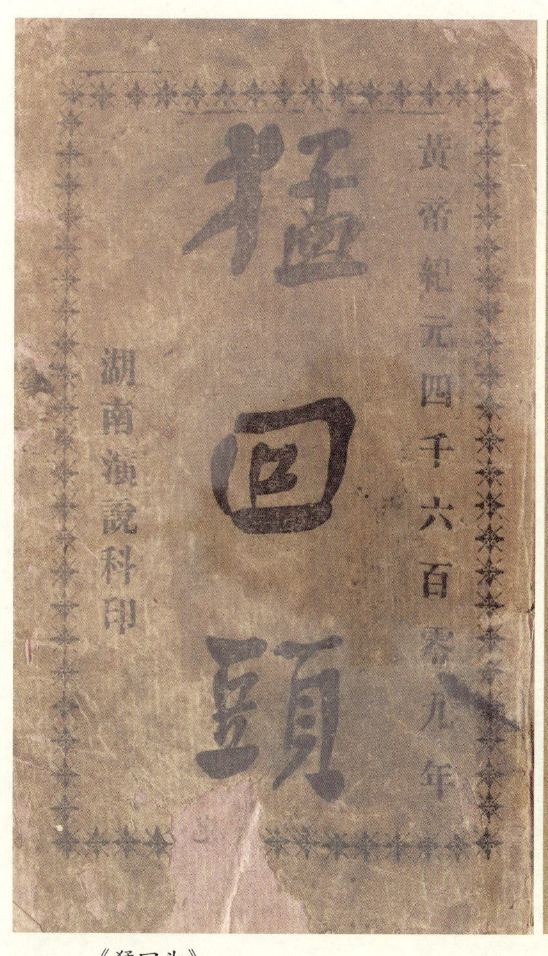

《猛回头》

《革命军》

心血性的革命党”。其作品经后人收集、整理，辑为《陈天华集》。

《猛回头》用白话文写成，通俗浅显，容易诵读。文字虽称不上考究，也不用古典，但是贴近民俗俚语，这个特点使他的作品后来受到广泛欢迎。陈天华的文字风格与其生长环境有关。他自幼家境贫寒，母亲早逝，父亲陈善是乡村塾师。少年时因家境贫寒，曾辍学在乡间做小贩。他对文字韵律敏感，喜爱小说唱词，常仿其文体作通俗小说或山歌小调。文章的排布是边说边唱，注重说理，避免了流于形式和口号。《猛回头》富于激情，控诉和揭露了清朝政府的腐败及外国列强对中国的侵略，表达了中国人不屈的精神，成为当时资产阶级革命派宣传革命的战斗号角，在长江流域各省流传非常广泛。

《革命军》是中国资产阶级革命史上最重要的文献之一，被誉为中国近代的《人权宣言》，为清末资产阶级革命派宣传家邹容的名篇。

邹容（1885—1905），原名绍陶，又名桂文，字蔚丹（威丹），留学日本时改名为邹容。四川巴县人。1902年，留学日本，进入东京同文书院补习日语，大量接触西方资产阶级民主思想与文化，革命倾向日趋显露，并结识了一些革命志士，积极参加留日学生的爱国活动。次年夏回到上海，结识了章太炎、章士钊等革命志士，并与章太炎结为生死与共的忘年之交，积极参加“爱国学社”的各种活动。同年，在上海爱国学社撰成《革命军》，署名“革命军中马前卒”。章太炎亲为该书作序，并在《苏报》上发表，章士钊为该书题写了书名，柳亚子等人为该书筹集了印刷费。该书约两万字，分为七章：绪论、革命之原因、革命之教育、革命必剖清人种、革命必先去奴隶之根性、革命独立之大义、结论。它热情讴歌革命，揭露清王朝反动卖国的种种罪行，号召人民起来革命，以革命打倒清政府，推翻君主专制制度，建立中华共和国。

该书风行海内外，成为动员人民革命的“教科书”。清朝统治者惊恐万分，认为“此书逆乱，从古所无”，称邹容和章太炎“劝动天下造反”，“尤非拿办不可”。1903年6月，清政府勾结英帝国主义租界当局查封了《苏报》，并于6月30日逮捕章太炎。7月1日，邹容不愿章一人受难，自动到巡捕房投案，被英租界当局判刑两年。因受到租界监狱的非人待遇，邹容于 1905 年 4 月 3 日病死狱中，年仅 20 岁。

邹容逝世后，《革命军》一书的传播更为迅速和广泛，销售逾百万册，占清末革命书刊销售数的第一位，对民主革命思想的传播起了很大的推动作用。为避免清政府的查禁，各地在翻印时进行了伪装，改名《革命先锋》《救世真言》《图存篇》等。本馆所藏伪装本伪装题名为“图存编”，该本系“甲辰年”(1904) 刊印。编者用红色字体印刷序言，其目的在于警醒国人，而使用“皇汉丛书”“图存编”这些字眼，不难看出其唤起民众、振兴中华的用意。

1912 年初，中华民国南京临时政府大总统孙中山明令追赠邹容为“陆军大将军”。无产阶级革命家吴玉章题诗赞曰:“少年壮志扫胡尘,叱咤风云‘革命军’。号角一声惊睡梦，英雄四起挽沉沦。”这是对邹容及其《革命军》中肯而确切的评价。邹容的《革命军》为腐朽的清王朝敲响了丧钟，是反清革命史上一篇重要的战斗檄文，它的价值将永垂青史。

《民报》和《天讨》

黄　霞

《民报》是中国近代史上著名的政论杂志，中国同盟会的机关报。它是孙中山领导的革命派的主要宣传阵地。

1905年8月20日，中国同盟会在日本东京举行成立大会。会上，黄兴提出以留日学生创办的革命刊物《二十世纪之支那》作为同盟会的机关报，获得通过。然而，由于该刊第2期发表的《日本政客之经营中国谈》一文揭露了日本侵略中国的野心，被日本政府查禁。中国同盟会于是决定另外创办一份机关报，这就是《民报》。

《民报》1905年11月26日创刊于东京，是一份大型政论型月刊，主要栏目有:图画、论说、时评、谈丛、译丛、选录等，其所载文章以政论文为主，间亦附记时事述评，登载少数译著小说。其第1至5期由胡汉民主编，第6至24期由章太炎主编（其中第19至22期由陶成章代理主编）。自章太炎主编并为撰稿人后，亦常载其学术论文。每期6万至8万字不等。编辑兼发行人署名于报端的有张继、章太炎、陶成章、汪精卫四人。先后

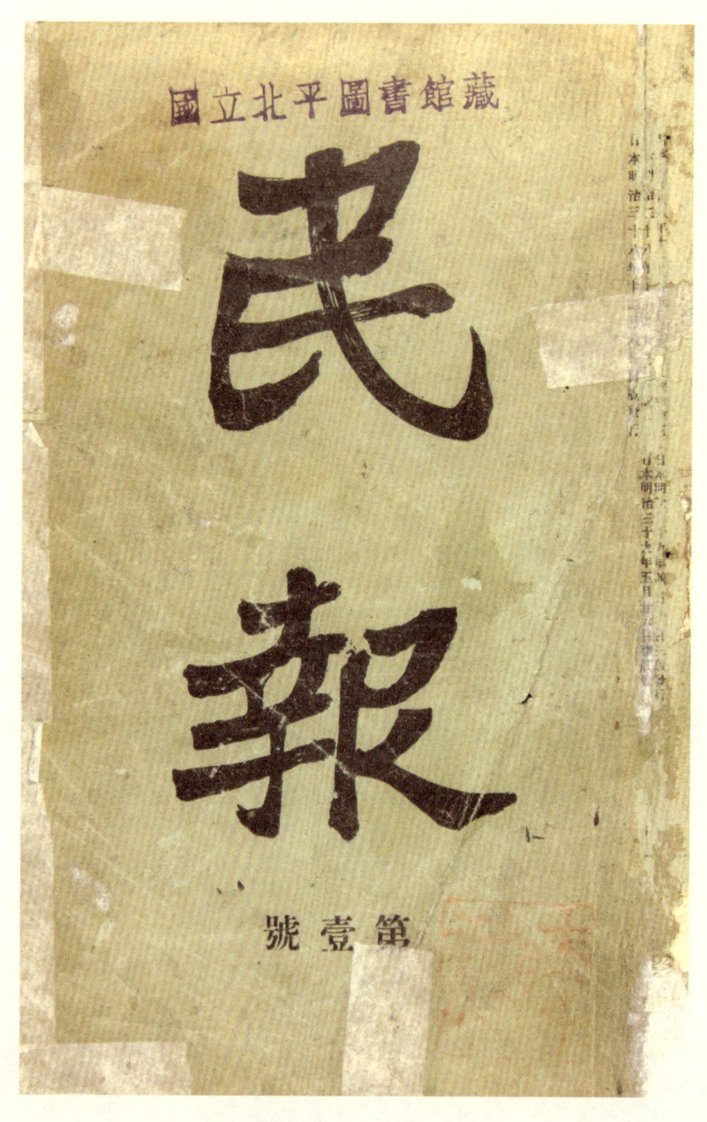

《民报》创刊号

参与编撰工作的有胡汉民、汪精卫、陈天华、朱执信、廖仲恺、汪东、章太炎、刘师培、汤增壁、黄侃等。孙中山先生亲自为《民报》撰写发刊词，他第一次将同盟会的政治纲领概括为“民族”“民权”“民生”三大主义，因此，“三民主义”也就成为《民报》宣传的主要内容：

第一，宣传以排清为中心的民族主义。《民报》指出，统治中国的满洲贵族已经沦

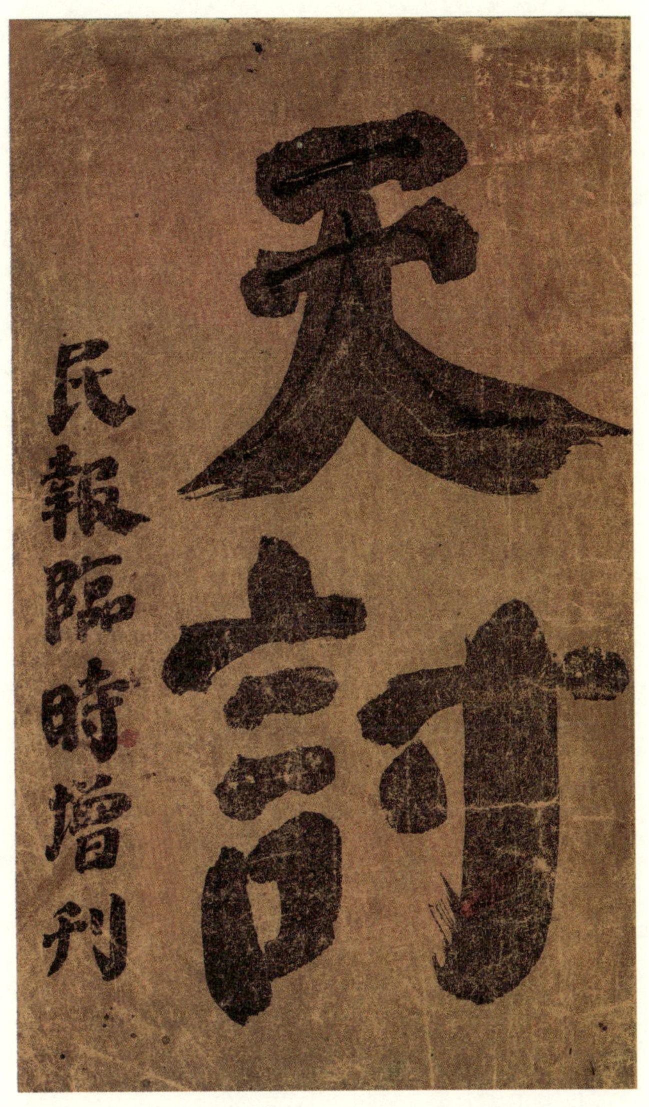

《天讨》

为帝国主义的走狗，成为各族人民的死敌，因此号召人们起来“颠覆现今之恶劣政府”。值得指出的是，《民报》的排清宣传已经注意到把清朝的反动统治者同满族人民区别开来。第二，宣传以建立共和政体为中心的民权主义。《民报》发表许多文章批判封建制度，鼓吹资产阶级的民主、自由、平等，强调“国民之权利”，号召人们起来推翻皇帝，废除君主专制制度，建立民主共和国。第三，宣传以土地国有、平均地权为中心的民生主义。《民报》发表不少文章宣传土地国有和平均地权的必要性和可行性。

《民报》在当时所起的重要作用之一，是与梁启超为首的改良派所主办的《新民丛报》就要不要以暴力推翻清王朝、要不要建立资产阶级共和国、要不要平均地权等问题进行了一场尖锐论战。它驳斥了改良派的君主立宪、开明专制、反对土地国有等主张，抵制了改良派的政治影响，促进了革命运动的发展，为广大革命群众指明了斗争的方向，一时成为革命斗争的战斗号角，起了重要的进步作用。孙中山后来评价说："《民报》成立，一方为同盟会之喉舌，以宣传正义；一方则力辟当时保皇党劝告开明专制、要求立宪之谬说，使革命主义，如日中天。"

此外，《民报》还大力介绍世界各国的资产阶级革命运动和民族解放运动，介绍西方的新文化和新思潮，其中包括社会主义思潮和无政府主义思潮。《民报》第2期登载了《德意志社会革命家小传》一文，其中摘译了《共产党宣言》的十大纲领，这是中国首次译载《共产党宣言》。

1907年，革命派为了加强革命宣传，出版了《民报》临时增刊《天讨》。该刊大32开，176页，附图9页，于4月25日在日本印刷、发行，在国内外引起强烈反响。《天讨》的重要特点之一，是各省革命党人分别撰文号召本省同胞起来反清，书中共收入14篇文章，包括：《讨满洲檄》《普告汉人》《四川革命书》《四川讨满洲檄文》《江苏革命书》《河南讨满洲檄文》《安徽讨满洲檄》《直隶省宣告革命檄》《山东省讨满洲檄》《广东人对于光复前途之责任》《云南讨满洲檄》《谕保皇会檄》《谕立宪党》《吴樾遗书》。这些文章最突出的特点是强调太平天国革命与本省的关系和影响，这不仅反映了太平天国革命对各省人民群众的影响和巨大号召力，同时也反映了太平天国革命对辛亥时期革命派本身的巨大鼓舞。

《民报》的出版，使民主革命思潮在国内进步人士中广泛流传，也和国外进步舆论相呼应，在全国人民和海外华侨中扩大了革命的影响，极大地推动了中国资产阶级民主革命运动的发展,为辛亥革命的胜利进行了必要的思想准备。它的创刊号先后再版了7次,第2、3期各再版了5次,仍然供不应求,最高发行量达到17000份。

《民报》出至第23期时由汤增壁担任副编辑。当时,由于同盟会所发动的武装起义屡遭失败,汤增壁因此转而鼓吹暗杀。他在《民报》第24期上发表了《革命之心理》一文。1908年10月19日,日本政府以《革命之心理》一文“激扬暗杀”为理由,下令禁止《民报》发行。在停刊一年后,《民报》于1910年1月又在日本秘密印行,由汪精卫在东京编发了第25、26期,出版地伪托巴黎,1910年2月终刊。

参考文献

1. 李侃,李时岳,李德征等著.中国近代史:1840—1919.中华书局,1994.

2. 章开沅,林增平著.辛亥革命史.人民出版社,1980—1981.

3. 陈孟坚著.民报与辛亥革命.台北:正中书局,1986.

4. 王忍之编.辛亥革命前十年时论选集.三联书店,1978.

5. 天石.《民报》的第二次续刊.近代史研究,1980(3).

6. 杨昌泰.中国同盟会机关报《民报》概述.衡阳师专学报,1982(1—2).

7. 曾水玲.《民报》的两个思想流派.学术研究,1986(2).

8. 晨晓.略论《民报》的办刊特色.东北师范大学学报(哲学社会科学版),1991(5).

《每周评论》

黄　霞

“五四”时期的著名刊物之一《每周评论》是由陈独秀和李大钊于 1918 年 12 月 22 日在北京发起创办的。社址设在北京宣武门外骡马市大街米市胡同 79 号安徽泾县会馆。该刊采取 4 开小型报纸的形式，每星期日出版，内容分国外大事述评、国内大事述评、社论、文艺时评、随感录、新文艺、国内劳动状况、通信、评论之评论、读者言论、新刊批评、选论等十二类。它与《新青年》侧重理论的特点互为补充，在当时具有很大的影响。该刊前二十五期由陈独秀主编。陈独秀常用“只眼”，李大钊常用“常”“守常”“明明”“冥冥”等笔名在该刊发表文章。经常在该刊上发表文章的还有胡适、高一涵（涵庐）、王光祈（若愚）、周作人（仲密）、张申府（张赤、赤）等人。

在陈独秀撰写的《〈每周评论〉发刊词》中明确指出该刊以“主张公理，反对强权”为办刊宗旨。根据这一宗旨，该刊对政治舞台上的人物和事件加以评判，进行反对封建军阀和帝国主义的斗争，积极宣传俄国十月革命和世界人民的革命斗争，更初步介绍社

(星期日) 中華民國八年四月二十七日 (第一版)

每週評論

The Weekly Review

19

▲發行所 北京騾馬市大街米市胡同門牌七十九號

▲代派所 北京南柳巷實事白話報館 琉璃廠中華書局 上海五馬路棋盤街西首亞東圖書館

(本報價目) 每號銅子三枚外埠大洋二分五厘郵費在內

(廣告價目) 封面第一期每字銀二分 二期至五期一分 六期至十期每字一分 中縫第一期至五期每字二分半 六期至十期一分二 均以五號字計算 長登另議

本報特別啟事

▲閱者大注意！

本號報有第二次特別附錄、仍是「對於新舊思潮的輿論」、隨報附送、不另取費。

國外大事述評

▲各國國會裏的女議員

女子參政運動的歷史是很長、不過女子進國會做議員是近來纔有的。主張女子參政權的老祖宗是英國婦人 Mary Wollstonecraft、在一千七百九十二年的時候、他就寫了一本書、叫做「擁護女權論」。當時的人民、就大驚小怪、把這位女士大罵。因爲這本書漸漸兒就引起許多明白道理的人、注意這個問題、主張的人也漸漸的多起來了。英國政府爲時勢所趨、祇得允許女子先參預地方選舉。到一千九百零七年國會纔通過一條法律、允許女子做地方議會的議員。歐戰發生以後、大多數的人民統去當兵、國內的事大半均是女子作的。在這個時候、人家方纔曉得女子也可以做一些事、所以變了他們當初反對的態狀來主張女子參政權。去年修改選舉法的時候、大多數議員均極力主張把女子加入選舉人之內、不過有幾種限制而已。照去年二月六號通過的人民代表法律、女子年在三十以上並且有一房屋者、或租居一房屋年租值五磅者、或在大學已經卒業者、均有選舉國會議員的權。此刻在英國、有六百女子有這選舉權。當時這議案通過後、就發生了一個女子可否被選爲議員的問題。國家法官判定這條法律祇給女子選舉權、沒有給女子被選權。所以在十一月五號、國會又通過一條議案說明女子可以被選爲議員。在十二月裏、就有一位英國女子被舉爲下議院議員。

近來國會又提出一個議案、想把貴婦人加入上議院、此案已經通過第二讀會、大約不久就要變成法律了。

美國是聯邦國、修訂選舉法律的權、在各邦政府權力之內、所以美國的選舉法不是統一的。現在有十三邦的法律允許女子參預選舉、在聯邦國會衆議院之中、也有一位女議員。

荷蘭女子現在還沒有選舉權、不過可被舉爲議員。現在有一女教習已經當了議員了。

丹麥同芬蘭也允許女子參預選舉、一千九百十六年、芬蘭舉出二十四個女議員、佔全議員百分之十二。

在諾威的女子非但有選舉權、並且可以充當國務員、不過至今尚未有女議員。

一千九百十七年、坎拿大有一省的省議會也出了兩個女議員。

照這樣推下去、再過幾年、恐怕各國的議會中就同學校中男女合校一樣、把這男女的差別見解、都要一齊忘掉了。

▲暹羅華僑問題

我國在外僑民、數近千萬；旅居暹羅的、約佔四分之一。近來因爲不堪暹國政府虐待、舉了兩個代表、一叫陳沅、一叫劉宗堯、來到北京請求政府保護。記者見過陳劉二君數次；僑民被虐情形、我知道很詳細。特把他寫出幾條、請大家看看。

(一)強迫華僑入籍。 暹羅全國人口、約七百餘萬。極少數操政權的貴族外、人民毫無智識、懶惰成性；開闢利源、振興實業、全賴華僑。該國政府既妬且忌、當時我國秩序尚好；待我華僑、尚不敢十分酷虐。近來我國內亂不已、政府不能保護。遂定種種苛於徵收華僑財產新法；不問華僑是否願意、強迫入籍。從前在暹羅生長的華僑、仍爲華籍、今皆改爲暹籍。最近到暹羅的華僑、一律強迫入籍。已在彼國居住的、門牌亦必冠以暹羅字樣、不再以待外國人的習慣待我華僑。此等舉動、簡直是根本上不承認我華僑之有國家；是可忍、孰不可忍？

(二)禁止僑民帶錢回國。 彼國既不承認有華僑、遂根據這個原則、定一禁止華僑帶錢回國條例、華僑離暹時、倘所帶暹幣滿十元以上、查出加五倍處罰、並監禁若干月。若由銀行匯至中國、匯水須照暹政府定章。(往往比市價抬高至百分之三四十)諸君想一想、華僑本身雖在暹羅、本國固有父母妻子靠他們養活；今禁止他們寄錢回國、豈非等於沒收他們的財產嗎？

(三)禁止華僑用中國文字教授子弟。 暹羅政府既強迫華僑入籍、僑民當極抵制、只有多設學堂使子弟不忘祖國。是以數年之間、開設學堂二十七所。暹國政府、視爲眼中之釘。以爲若不設法取締、華僑子弟心目中仍有中國、彼國同化的計劃、將成畫餅。於是定一新例：華僑所設學堂校長教員須通曉暹國文字、教授時須用暹語、違者勒閉。諸君想一想、在暹華僑懂得暹語又通中文者、能有幾人？本國教員、又何能懂得暹文。此等取締、簡直是不准我華僑開設學堂教育子弟。自此新例實行以來、華僑學堂已關了二十三所。尚存四所、年底限滿、亦必爲彼勒閉。

(四)輕視華僑生命。 暹國一切制度、以國人與暹人訴訟、歸一種混合法庭處理。華僑與暹人訴訟、則由縣官審判。華僑無論理由如何充足、得公平裁判的人、百不得一。就是重大的命案、兇手當場捉獲；彼國縣官、亦必故意放縱。以故暹人醉後慘殺華僑的事、時常聽見。若遇華僑殺害暹民、往往株連至數十人。

(五)暴征進口稅。 暹國進口稅、本來值百抽三；獨對華僑運暹貨物、關吏可以不照原來價格任意增加。往往原價一元、關吏故意指爲七八元。所以他國貨物值百抽三、我國貨不啻值百抽二三十。又華僑須納人頭稅、昔時三年一次、約華銀二元；今則每年一次、每次四元。

以上五端、不過舉其最大者、已足令人髮指。我國政府、亦略知之。聞大總統不久將派許世英前往宣慰。惟是空言宣慰、何能減少僑民絲毫的痛苦。就記者所知、政府宣慰華僑、已有五次了、除賣些公債票、騙些華僑辛苦得來的金錢回來、作爲自己陞官發財地步外、曾沒有聽見有何種切實辦法。華僑對此等宣慰使、久已司空見慣了。許君此去、何不即以我國專使名義、直向暹政府交涉、要求立約、豈不勝於空言宣慰嗎？

國內大事述評

▲外交上種種的惡耗

自從專講應酬小節的『研組派』首領出國、一路上除『政界失調』而外、並帶着許多是非許多嫌疑到巴黎會議裏邊去。他到倫敦一病、幾幾乎叫『金剛派』的章宗祥辭職；到瑞士發病、又把外部參事劉崇傑弄了一身的臊；病好了剛回到巴黎、又引出王正廷一個電報、因此惹得梁任公受了『賣國賊』的嫌疑。照這樣看來、我們『研組派』的外交家幾乎同『地理家』所說的『太歲』一樣、誰撞着他誰倒楣！然而個人的名譽還是小事、惟因爲內訌一起、便把外交上多少好機會失掉了、是很可惜的。現在且把內訌的影響寫出來、請大家注意注意。

(一)各委員最近的態度 我國委員在和平會議的席次、忽然把顧維鈞列在第二、忽然又把王正廷列在第二、因此各員間就不能毫無意見。前天忽然傳說王正廷有電報到京辭職、又

《每周评论》第19期

会主义思想。在1919年4月6日出版的《每周评论》第十六期上，摘译了《共产党宣言》第二章《无产者与共产党人》的结束部分，鲜明地论述了关于无产阶级专政的思想。同时，它还继承《新青年》提倡民主、科学，反对封建文化、道德的传统，积极宣传反封建的文化思想，从而使该刊成为当时全国革命性和战斗性最强的刊物，在社会上特别是青年学生当中有很大的影响，为五四爱国运动的爆发做了重要的思想和舆论准备。

"五四"运动爆发后，该刊便以反映这一重大政治斗争为主要内容，从第二十一期起，连续五期用全部或大部篇幅详细报道和评论这场爱国群众运动的发展，站在运动的前面，给予热情歌颂和支持，并从理论上初步总结了运动的经验教训，对五四运动的发展起了重要的指导作用。如陈独秀在《山东问题与国民觉悟》一文中指出：对国家的根本救济的方法，只有平民征服政府。由多数的平民学界、商界、农民团体、劳工团体用强力发挥民主政治的精神，叫那少数的政府当局和国会议员都低下头来，听多数平民的命令。李大钊在《秘密外交与强盗世界》一文中也指出，要改造强盗世界，不承认秘密外交，实行民族自决，从而为运动指明了远大的政治目标。

1919年6月11日，陈独秀因散发《北京市民宣言》被捕。李大钊也被迫避居昌黎五峰山。该刊自第二十六期起，由胡适任主编，刊物的方向有了很大改变，抽掉了"国外大事述评"和"国内大事述评"两专栏，取消反映当时政治斗争的战斗文章和尖锐评论。在该刊第三十一期上，胡适发表了《多研究些问题，少谈些主义》一文，挑起了"问题与主义"之争。李大钊在该刊第三十五期发表《再论问题与主义》一文，对胡适的改良主义和实用主义观点进行了批驳。《每周评论》虽然在政治上已经发生了重要变化，但仍被北洋军阀政府视为革命刊物。1919年8月31日，该刊第三十七期正在付印时，被查封。

国家图书馆藏《马克思主义浅说》的不同版本

黄　霞

国家图书馆善本库中收藏有由中国青年社编辑、上海书店发行，署名“一峰、辟世（一峰即张若名，辟世即任弼时）”合编的《马克思主义浅说》一书的五种不同版本：二版、四版、六版、九版，另有一册因无版权页，其版次无法得知。其中最早的版本为1925年5月的第二版。该书封面为泛黄色，封面上方用浅蓝色印刷体自右向左横向题名“马克思主义浅说”，封面左下方用蓝色印刷体竖向题有“上海书店一九二五年印行”字样。封面的右下角有一方阳文朱印，印文为“亚子”，根据柳亚子早年追随孙中山先生从事革命活动的经历，以及“亚子”为他的字判断，此书很有可能原为柳亚子先生所收藏。该版32开本，共41页。此外，国家图书馆善本库中还收藏有由国光书店出版的该书的另一种版本。该版封面为本白色，封面上方用蓝色印刷体自右向左横向题名“马克思主义浅说”，与上海书店版所不

《马克思主义浅说》，1925年9月国光书店版

馬克思主義淺說

中國青年社叢書第三種　一峯、闢世合編

每册一角　合購百册六元

這是最通俗而最簡單扼要的解釋馬克思主義的書。這最便於初次研究馬克思主義的讀者，可以使他們有一個明瞭的大概觀念。每編附有名詞釋義，可以與本文相發明；附有問題待答，可供讀者自己練習之用。我們印行這一本書，希望大家可以用做課本或是學會研究的材料，以推廣馬克思主義的宣傳。

中國青年社

目次

上海書店一九二五年印行

《马克思主义浅说》第2版，1925年5月上海书店版同的是，在封面题名下方，印有一幅马克思的头像。该版出版时间为 1925 年 9 月，32 开本，88 页。

《马克思主义浅说》一书，在短短一年的时间内多次再版，足以说明它对马克思主义在我国的早期传播，曾经起过重要的作用。关于出版此书的目的，中国青年社在其出版说明中写道："这是最通俗而最简单扼要的解释马克思主义的书。这最便于初次研究马克思主义的读者，可以使他们有一个明了的大概观念。……我们印行这一本书，希望大家可以用做课本或是学会研究的材料，以推广马克思主义宣传。"该书内容共四篇：第一篇《资本》（原题为《剩余价值》），第三篇《阶级斗争》，第四篇《帝国主义》（即《帝国主义浅说》），均为张若名的三篇独立文章，第二篇为任弼时所著的《资本主义的发展》。《资本》和《阶级斗争》两篇文章，是张若名在法国学习了法文本的《通俗资本论》后写成的，文章写得深入浅出，通俗易懂。值得一提的是，在进行阶级分析时，该书编者张若名首次使用了"游民无产者"一词，并分析了这一阶层人的两重性。此前我国翻译马克思的作品，均使用的是"流氓无产者"。"游民"与"流氓"，在字面的褒贬上即有很大的区别，用"游民无产者"一词，不仅使所包含的范围扩大了，而且也减少了贬义的成分。张若名的长子杨在道后来考证，毛泽东在写作《中国社会各阶级的分析》一文时，即参考了张若名的这篇文章，在分析这一阶层时，毛泽东同意张若名的观点，并且也采用了"游民无产阶级"一词。后来，《中国社会各阶级的分析》一文在被收入《毛泽东选集》时，将"游民无产阶级"改成了"游民无产者"。

保皇会早期文献
《保救大清皇帝公司序例》

吴 密

《保救大清皇帝公司序例》(以下简称《序例》),光绪二十五年己亥冬印本,二十四叶,铅印,线装,封面红色。该件文献为保皇会创立时颁布的宣言和章程,是研究保皇派创立及其组织状况的第一手珍贵文献。

保皇会,又名“中国维新会”“保救大清皇帝公司”。1899年7月20日(光绪二十五年六月十三日),康有为在华侨李福基、冯秀石、叶恩等人帮助下,在加拿大域多利创立此会。随后陆续在南洋、檀香山、美国、墨西哥、中南美洲、澳洲、日本以及我国的香港、澳门、上海、宁波等一百六十余处建立组织,共有支会一百零三个,总会十一个。该会总部设在澳门,康有为为会长,梁启超、徐勤为副会长,以宣传变法,扶助光绪帝复位为宗旨。保皇会盛时,其分支机构遍布五大洲,会员达百余万人。

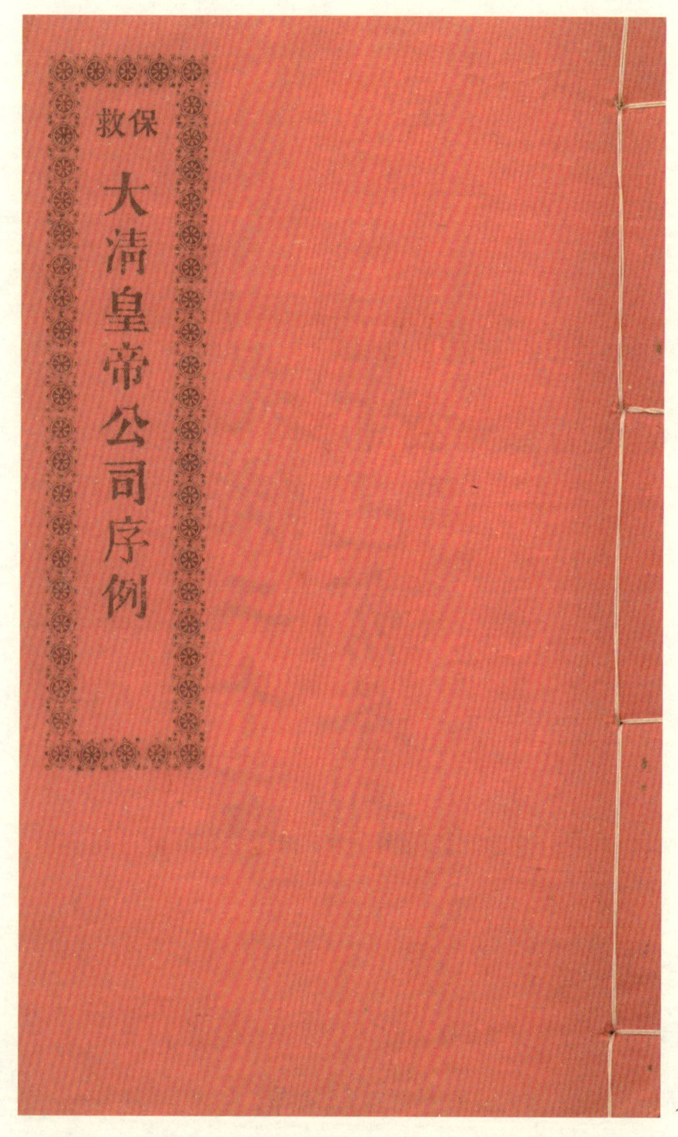

《保救大清皇帝公司序例》

维新变法以来，康有为先后组织成立了强学会、保国会和保皇会等政治团体。团体成立之时，大都颁布序例。“序”为团体成立之宣言，“例”为团体之章程。《序例》的成书时间缺乏相关记载。宣言和章程的颁布乃是团体成立之标志，故推测《序例》大致产生于保皇会成立的 1899 年 7 月。康有为最早提到《序例》是在 1899 年 10 月 2 日写给谭朝栋、黄仕初等人的信函之中。《覆谭朝栋书》附件中云："中国危亡岌岌，吾同胞五万万兄弟殆矣将绝。圣上以救民，舍身受法，为贼臣所废。仆奉诏筹救，奔走海外，号呼同志。今遣义士谭朝栋携《保皇会序例》，诣贵埠相告。救国如救火，贵埠义士想有同心，幸接待谭朝栋指示一切。"康有为此信意在让韩朝栋携自己手迹和《保皇会序例》到美洲保皇会分会活动。另《序例》一书中有"今圣主被废，那拉氏篡位，荣禄拥兵，日为卖地卖民之事，几一年矣"及"皇上幽囚经年"等语。戊戌政变时在1898年9月21日，因此，《序例》至少在10月之前已经制订，但应该不会早于保皇会成立的7月。

《序例》封面内页有"光绪二十五年己亥冬刊"字样。邓之诚早年得到两册保皇会的宣传小册子，其中即有一册《序例》。邓氏得到此书时，书中夹有两张传单，上书："皇帝光绪二十五年十二月二十七日上海合埠士商泣血公启。曰驳诘十二月二十四日伪谕，数西后八大罪，盖端郡王之子溥儁立为大阿哥，俗乘机倡立保皇，其党麕集江浙，谋举大事，意在收刘坤一为己用，不图经亨颐联名请归政一电后，无回应者，庚子难作，其党说东南督抚自保，意不在自保，而在保皇。"此事系指光绪二十五年十二月二十七日（1900年1月27日）上海绅商和维新人士反对慈禧太后"己亥建储"一事，说明该书极有可能刊印于1900年初。

保皇会成立后所刊布的章程除《序例》之外，较为常见的还有《亚东时报》刊发的《保救大清皇帝会例》及仰光中华日报局印《保皇会草略章程》两种。保皇会既有总会章程，又有分会章程，此三种为总会章程，其篇幅和内容都有较大差异。国图藏本《序例》中的"保救大清皇帝公司序"为其他版本所无，计十七页，篇幅较长，占整篇《序例》之大半，其主要内容概而言之，约有四个方面：

一、痛陈中华民族空前严重的民族危机。历陈列强为控制和瓜分中国，争做中国债主，攫取路权和矿权，强租土地，划分势力范围，以致"二万里之中国，已尽裂其版图。四千年之种族、四万万同胞之兄弟，已暗鬻为奴隶"。详述"中国各情"，列"病症"有五："土地人民分割”“失路权”“失利权”“失兵权”“失用人之校”。列“亡国之苦”有四：一为“重税之苦”，二为“凌辱奴贱之苦”，三为“驱逐之苦”，四为“绝种之苦”。

二、对慈禧和荣禄等守旧势力进行口诛笔伐。指责守旧势力阻碍变法，推翻新政，并据《春秋》大义，抨击慈禧和荣禄为乱臣贼子。“我国日割垂亡至此，则非他人，皆西太后那拉氏一人淫虐守旧为之也。割地卖民、阻挠变法，废救民之圣主而欲篡位，一大学士荣禄阴主之也。”

三、歌颂光绪帝变法之功，述其囚禁瀛台之惨状。《序》中介绍了光绪皇帝百日维新期间颁布的变法措施，指其因“爱国救民”被废。同时将光绪被废囚后之惨况公之于众。

四、号召海外同胞发扬忠君爱国之心，“救我变法爱民之圣主”，挽救君国。

戊戌政变后，清政府十万重金悬赏捉拿康梁，将银子提存上海道库，不论死活，抓到康梁即可领赏。康梁著作遭到禁毁，购阅康梁著作的读者也遭到严查。作为保皇会创建的重要文献，《序例》也不载于保皇派所办报刊杂志，因此一直淹没无闻。20 世纪 60 年代，康有为后人将家藏多年的康有为遗稿、函札、电稿以及书籍、图片等捐赠上海市文物保管委员会，其中有一册《序例》，学界才得以窥见其全文。国家图书馆藏本与邓之诚记载及康氏后人捐赠本为同一种文献。

参考文献

1. 上海市文物保管委员会编. 康有为与保皇会. 上海人民出版社，1982.

2. 康有为全集（第五集）. 中国人民大学出版社，2007.

康有为佚文
《海外宜合公司以救君国演说》

吴　密

《海外宜合公司以救君国演说》（以下略称《演说》）是康有为流亡海外时的演说辞，属于保皇会早期文献。据邓之诚《骨董琐记全编·骨董三记》记载，早年他曾得保皇会小册子，其中有一册《演说》。喜好抄书的邓之诚抄录了其中三条“专言筹款”之内容，计八百余字。长期以来，学界仅能依靠邓氏抄录，阅读残篇。国家图书馆从海外征集到此种文献，颇为难得。

康有为 (1858—1927)，原名祖诒，字广厦，号长素。广东南海县人，世称“康南海”或“南海先生”。近代著名思想家、政治家、文学家。戊戌变法失败后，康有为远赴加拿大，创建保皇会。康有为学识渊博，演说才能卓绝。流亡海外期间，康氏以“保皇”“勤王”相号召，发动海外华侨捐款，持簿劝讲于旅寓华侨之间。1899 年 4 月 16 日，康有为抵

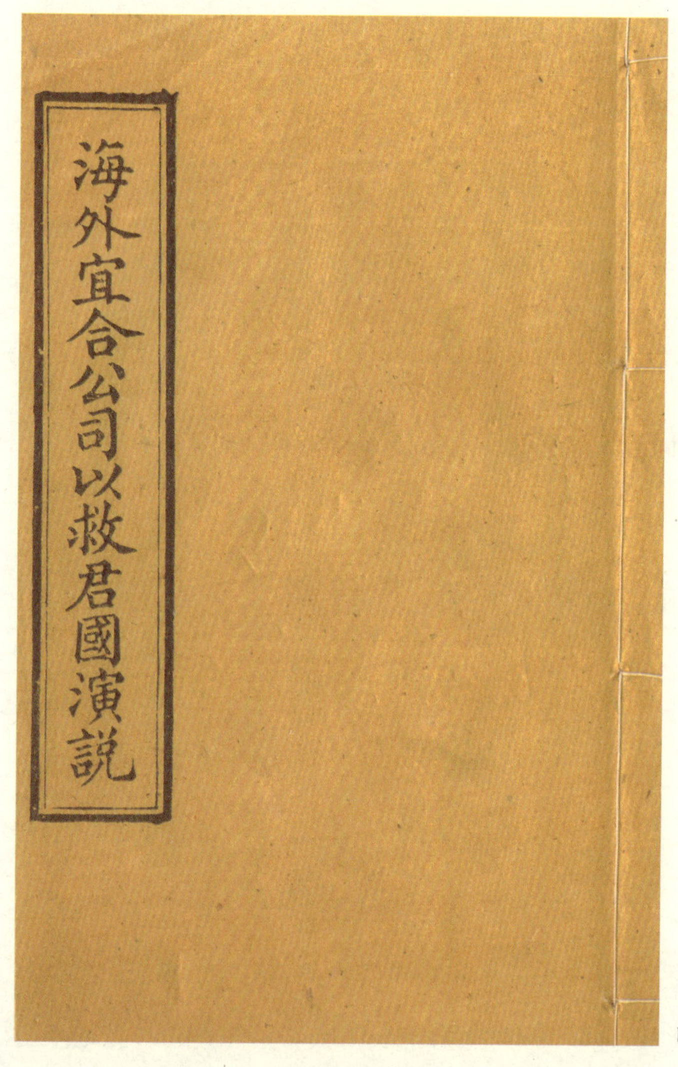

《海外宜合公司以救君国演说》

达温哥华的当天晚上就即兴演讲，受到热烈欢迎，“远近各埠千数百里来观集者千三百余人，楼上下皆挤塞，西人、日人男女来观者亦甚众。电灯莹如白昼，报馆记者、巡捕环立，规模宏大。吾与乡人激厉如前，咸知维新政变之由，皆感叹哀泣，如域多利也。吾所至之地，乡人杂立，拥道环观。酒馔车马，日费百余金。西人、东人亦拥道来观。多叹中国人心之义愤，或借以觇中国之不亡者。其各埠之来迎者纷纷矣”。几天后，康有为又应邀在鸟噘士晚士咑（今新威斯敏斯特）演讲，听众六百余人，介绍国内外形势及维新变法详情，号召海外华侨保国、保皇，亦颇得西方人的同情和支持。

康有为的公开言论多发表于保皇派所办报纸，此篇演说不刊于报纸，却有单行本遗世，非常珍贵。演讲辞一般多少会涉及演讲时间、地点及始末缘由，国图藏《演说》通篇未有此类信息，可能是在某次或者多次演说基础上修订而成的一个通行本。该件文献封面黄色，不著撰者版本，线装，铅字排印，计七页，其中第七页重复。所谓“公司”即指“保救大清皇帝公司”，亦即保皇会。《演说》的装帧、印刷和版式与另《保救大清皇帝公司序例》有许多相同之处，其刊印时间大致在1900年初。此篇演说合计近四千字，其内容主要有三方面：

首先，分析了中国以五万万同胞之众而至于弱割为奴、亡国绝种的原因。一是“中国人无忠君爱国之心，知有一人之身家，而不知有合众之国家”；二是国人“不知为子姓为奴隶之别”，批评了同胞只顾个人身家，人人但求自保，自甘为奴为佣，以致“先为外人所轻贱，终为外人所取携”。

其次，号召海外五百万同胞团结起来，组成一大公司。“今我海外五百万众，七倍于嗹（丹麦旧译——笔者注），若能团结成一大群，则已成一新中国外中国矣”，国内反对力量，加上国外华侨财力支持，里应外合，“移新中国而救旧中国，移外中国而救内中国，进以勤王，退以保国”。

最后，劝募华侨筹集经费。当时康有为正在酝酿起兵“勤王”。保皇会在旧金山、洛杉矶、纽约等地组织“体育俱乐部”等军事组织，又和美国军事专家荷马李(Homet Lea)合作，训练新式军队。不论是建立公司，兴办实业，还是训练军队，勤王保皇，都需要大量资金。故保皇会海外活动的最重要任务就是筹集经费。康有为说道：“若海外五百万人，扯算计之，每人能以烟酒之余，人捐美洲银五圆，合中国银十圆，则有五千万矣。先开银行，印银纸行之，可得一万万零二千五百万矣。以三千万办轮船，以三千万办铁路，以三千万开矿，以五百万办杂业。他日矿路轮船有股份者分利无穷。以三千万办一切救国事，以养才能之士、忠义之人，立国体以行之，则中国立可救矣。”

演说聚会是保皇会一项重要活动。保皇会章程明确规定："各埠各会当各立会所，随时演说，或逢礼拜日演说，以激励忠义，通晓国事，俾智识日开，热心日盛。其会所多置报纸，以广见闻。”此篇演说对象为海外五百万同胞，其主旨则在呼吁“海外五百万同胞成一大公司”，各埠又立小公司，筹集经费，兴办实业，共“发忠君爱国之心”，挽救君国。全文虽没有出现“保救大清皇帝公司”和“保救大清皇帝会”字样，但演讲中所倡导的“公司”即是指保皇会这样的组织无疑。

此书通俗易懂，富有鼓动性，体现了演说辞的特点。海外同胞，以闽粤居多，美洲华侨尤以粤省最多。海外华人组织大率通过宗亲、同乡、洪门三种组织团结在一起。康有为在演说辞中充分利用同乡观念拉近与海外华侨的距离。在说明现代国家之概念时，以传统的宗法观念及组织形式作为类比，论述个人、家庭、宗族与国家之间的关系，深入浅出，易为接受。再者，海外华侨虽然富庶，但社会地位不高，颇受歧视，华侨忠君爱国观念非常炽烈，易受鼓动。1903 年，梁启超重游北美时，记录了保皇活动情形："自己亥年此会设立以来，至今蒸蒸日上，温哥华入会者十而六七，域多利则殆过半，鸟喊士晚士町打几无一人不入会者。会中章程整齐，每来复日必演说，每岁三埠合同大叙集一次。近集数万金建总会所于温哥华，俨然一小政府之雏形也。”可见，在保皇会的宣传鼓动下，美洲华侨参与度非常之高。

参考文献

1. 康有为全集（第五集）. 中国人民大学出版社，2007.

2. 梁启超．新大陆游记及其他．岳麓书社，1985.

与文献互证的苏区伤残证书

吴　密

中华苏维埃共和国时期，斗争条件极为艰苦，留下来的历史文献相对稀少。国家图书馆藏有一件中华苏维埃共和国时期伤残证书，全称“中华苏维埃共和国中央革命军事委员会抚恤委员会残废证书”，红字，油印，尺寸为 15.2 厘米 ×18.5 厘米，一叶，对折成册。证书保存完好，字迹签章清晰可辨，且能与现存实物及文献资料互证，具有一定的历史文物价值。

该件证书持证人为曾宪坤，发证机关为中华苏维埃共和国中央革命军事委员会下设总抚恤委员会，1934 年 5 月 2 日颁发，内页加盖中央革命军事委员会阳文朱色大印。1931 年 11 月 7 日至 20 日，中华苏维埃第一次全国代表大会在江西瑞金召开，成立了中华苏维埃共和国临时中央政府，大会宣告中华苏维埃共和国成立，选举毛泽东为临时中央政府执行委员会主席。根据大会的决议及中央执行委员会的命令，11 月 25 日，以朱德、王稼祥、彭德怀等 15 人组成的中央革命军事委员会（简称“中革军委”）宣告成立。其

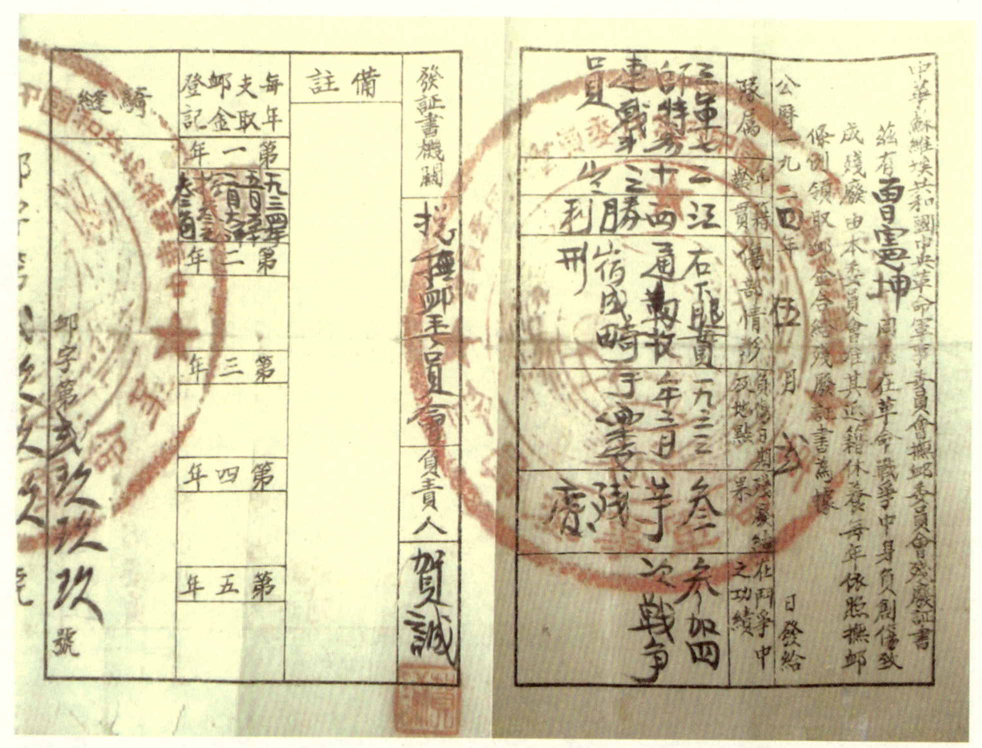

中華蘇維埃共和國中央革命軍事委員會撫卹委員會殘廢證書

茲有曾憲坤同志在革命戰爭中身負創傷致成殘廢由本委員會准其還籍休養每年依照撫卹條例領取卹金合給殘廢證書為據

公曆一九三四年伍月　日發給

發證書機關　撫卹委員會

負責人　賀誠

備註

每年支取卹金登記

第一年

第二年

第三年

第四年

第五年

卹字第　號

中华苏维埃共和国时期残疾证书

主要下设机构有总政治部、总参谋部、总司令部、总供给部、总卫生部、总武装动员部、总兵站、总军医处（后改军医部、卫生部）、抚恤委员会等。

该件证书即由“中革军委”下设抚恤委员会颁发。证书封面印有“残废证书”及交叉的镰刀锤子图案。内页第 1 页右边栏文字为：

中华苏维埃共和国中央革命军事委员会抚恤委员会残废证书

兹有曾宪坤同志在革命战争中身负创伤，致成残废，由本委员会准其还籍休养，每年依照抚恤条例，领取恤金，合给残废证书为据。

一九三四年五月二日发给

通过左边栏，可以得知持证人曾宪坤为三军七师特务连战斗员，时年23岁，江西胜利人，参加了四次战争，在1933年3月的一次作战中导致“右下腿贯通韧〔带〕宿成畸形”，属于三等残疾等相关信息。证书上有时任发证机关总抚恤委员会负责人贺诚签章。

贺诚（1901—1992），名宗霖，字润之，又名李平。四川省三台县人。1925年加入中国共产党，1926年毕业于国立北京大学医学院，党和军队医疗卫生事业的开拓者和奠基人。土地革命时期，贺诚先后担任了工农革命军红四师军医处处长，海陆丰后方医院院长，红军总医院院长兼政治委员，军委总军医处处长，红军卫生学校校长兼政治委员，中央临时政府卫生管理局局长等职务。1932年1月，中央革命军事委员会抚恤委员会成立，按规定设有委员五人，由中央革命军事委员会在工农红军总政治部及参谋、经理、军医各部遴选五人任命，指定其中一人为主任。贺诚学医出身，有着长期的医疗卫生实践，是军委军医处负责人，故被选为抚恤委员会委员，并担任了该委员会第一任主任。

该件证书其他文字信息亦可与中央苏维埃政府制定的红军优抚政策相关文献相互印证，并能补充文献记载之不足。中华苏维埃共和国成立之初，非常重视红军的优抚工作。第一次苏维埃代表大会通过的《红军问题决议案》中即规定了《红军优待条例》，随后又颁布了《红军抚恤条例》《优待红军家属条例》和《优待红军家属礼拜六条例》。其中《红军抚恤条例》明确规定：

红军是土地革命斗争中最勇敢最积极的战士，因伤病而残废和死亡的红军战士，更是为每个战员的模范，必须给以抚恤。为执行红军抚恤条例所规定各项应组织各级抚恤委员会，中央革命军事委员会抚恤委员会为决定与执行抚恤条例之最高机关，以军区或军为单位，组织一抚恤委员会，定名为中央革命军事委员会抚恤委员会××军区或第×军分会。

该条例第十一条规定残疾证书由中央革命军事委员会抚恤委员会制定，第十三条规定“以每年一月为发给抚恤金与发给各项证书期间，各项证书，皆五年交换一次”。

该件残疾证书封底印有四条注意事项：

一、每年一月一日至卅一日可持此证至中央革命军事委员会抚恤委员会或所指定的机关领取抚恤金。

二、持此证书可享受优待红军条件及红军抚恤条例所规定的权利。

三、此证必须加意保存，不得遗失或转让，如有遗失须即报告本会。

四、此证满五年交换一次。

第二条明确了持证人享有苏区政府所规定的各种优抚权利。第一条和第四条与前述《红军抚恤条例》之第十三条内容基本相同。中央苏区红军优抚工作的实施，解除了红军将士的后顾之忧，为中央革命根据地军民反“围剿”战争的进行、革命队伍的建设和军民鱼水关系的建立起到了至关重要的保障作用。

证书第 2 页显示该件系恤字第 2999 号，持证人 1934 年 5 月至 12 月支取恤金大洋十三元三角。《红军抚恤条例》第七、第八条具体列举了全残疾的 6 种伤残情形和半残疾的 9 种伤残情形。红军抚恤委员会据此对红军伤员评定等级，并依据第六条对因伤残疾回家休养的红军战士给予终身抚恤金，“其数目以当时当地之生活程度而定，但全残废，每年不得少至 50 元以下，半残废每年不得少至 30 元以下”。第十条虽然规定“对因劳致病、致损失其一部分工作能力者，残废者、死亡者之家属须有下列之抚恤”，但并没有给出伤残定级和补偿标准。此证记录可作为红军伤残级别未达全残疾或半残疾的一个实际抚恤案例。

值得一提的是，该件证书所钤盖的红军最高领导机关中央革命军事委员会大印。该印为银质印章，现藏军事博物馆。残疾证书上印章清晰可见，一枚完整，另有半枚盖于骑缝处。直径为9.5厘米，大印的上方刻有“中华苏维埃共和国中央执行委员会人民委员会”字样，字体略小，字的两端各有一枚红五星，印的下方刻着“革命军事委员会”七个大字。印中间为嵌有镰刀和斧头的地球图案，地球周围环绕着麦穗，上方是一颗红五星。印文图案文字与军事博物馆藏实物无异。

综上所述，该件伤残证书与中华苏维埃时期遗存实物及文献能够互相印证，方寸之间透露了许多重要历史信息，无疑是中华苏维埃共和国时期红军优抚工作的一个见证。

第十八集团军总政治部编印的《控诉敌寇暴行》

吴　密

20 世纪 30 年代，日本蓄谋发动全面侵华战争，中国人民为此蒙受了巨大的灾难。日军在战争期间犯下的血腥暴行，更是在人类文明史上留下了极为丑恶黑暗的一页。关于日军暴行，当时报刊文献进行了大量报道。国家图书馆藏有《控诉敌寇暴行》一册，32 开，106 页，1945 年 9 月由第十八集团军总政治部编印，属于揭露侵华日军暴行的稀见文献。

该书正文部分包括“写在前面”“杀光！烧光！抢光！”“平原上的血迹”“虐杀战俘、火焚医院、淫辱妇女”“虐待盟国侨民”“人间地狱的敌占区”六章，加上附录共计七个部分，对日军在抗日根据地、敌占区犯下的大规模杀戮、劫掠和性犯罪等暴行予以揭露和控诉。该书对 1940 年以来日军在华北根据地“扫荡”所犯下的暴行记载最为详尽。日军通过频繁的“扫荡”，灭绝人性的“三光”政策，导致平原地区出现“无家不戴孝，处处闻哭声”

第十八集團軍總政治部編

控訴敵寇暴行

一九四五年九月印

第十八集团军总政治部编印
《控诉敌寇暴行》

的惨状。该书记载，1943 年日军对晋察冀边区北县区实行的“秋季大扫荡”中，据不完全统计，在 21 个县份的 100 万人口的地区，日军惨杀我人民 6674 人（内负伤者 976 人），烧毁房屋 54779 间，抢掠与烧毁人民食粮 2934 万斤，抢走耕畜 19337 头，猪羊 57879 只，抢毁农具 172625 件，衣被 487530 件，其他如日常用具、窖藏物品，在敌寇蹂躏地区所余实在无几。许多村庄变成瓦砾，大小杂物尽成灰烬。日军所到之处，充斥着荒淫无耻、灭绝人伦的性犯罪。他们的杀人方法有刺杀、打靶、砸死、活埋、肢解、剥皮、剜心、凿眼、灌水胀死、毒气毒死、铡死、碾死、烙、锯、喂洋狗、腰斩、悬崖摔死、煮死……在百种以上，凶恶残暴，骇人听闻。短短三个月的“扫荡”，制造了“平阳惨案”“易县寨头惨案”“平山县岗南惨案”“灵寿大寨惨案”“井陉县黑水坪老虎窝惨案”“平山焦庄等村惨案”等一系列惨绝人寰的血腥暴行，试图以此摧毁八路军的生存条件和中国人民的抗日意志。

日军侵华期间，大量使用化学武器，发动细菌战，该书对这一公然违背国际公法的非人道战争暴行进行了披露。日军“扫荡”晋东南太行山区撤退时，“曾到处施放毒药及毒瓦斯，涉县河南店一水井内，敌人放了毒药，(饮用)这个井的水的人或牲畜，立即毙命。此外，还施放了大批糜烂性毒物。这是一种液体毒汁，涂抹在桌椅及各种器具上面，清漳下游两岸，因未查觉而中毒的人很多，毒重的全身红肿，接着就溃烂。敌人还故意丢下一些含有毒液的大米、罐头、军器、服装、鞋袜等物品……涉县某些村子的居民，有因中毒而全家毙命的，武柳树沟东堡桥南塔等十一村中毒死的更多”。1942年“五一大扫荡”期间，日军对河北省定县北坦村平民使用窒息性瓦斯，导致躲避在地道的800余手无寸铁的老弱妇孺全部遇难，120余户村民有24户惨遭灭门，制造了震惊中外的“北坦村惨案”。这是侵华日军使用化学武器所犯下的最为严重的战争罪行之一。

该书附录部分辑录了在华日人反战组织反思和揭露日本法西斯军部战争暴行的文章三篇，占该书篇幅近半，尤为珍贵。自日本军国主义势力抬头，酝酿对外发动侵略战争以来，直到1945年战败投降，日本国内包括共产党、无产政党、工会团体以及社会各界在内的各种力量都以不同形式反对过当时的军国主义侵略政策，开展了各种反战活动。日本共产党是其中最为重要的力量。九一八事变发生后，日本共产党是首先明确反对日本法西斯军部发动侵华战争的政治团体。日共的反战活动在国内遭到了日本政府的镇压和迫害，部分日本共产党员流亡到国外，继续从事反战活动。书中提到的“日本工农学校”是八路军总政治部在延安建立的以日军战俘为主体的特殊学校，由流亡中国的日本共产党代表野坂参三担任校长。1944年2月，延安日本工农学校两次展开“日军暴行座谈”，30多位学员以自己的亲身经历，讲述了日军战争期间的暴行。该书收录了这两次座谈会的会议记录。据月田供述："1942 年 7 月，我在太原时，冈村宁次大将，第隔十天，就在太原城门外集合六十个俘虏，排成一列，脱去上衣，背绑起来，让初年兵刺枪，还在痛得呀呀叫的时候，就用石头土块活埋了，一个月内钉了三百多名。"铃木披露："1938 年，混成二旅团的人见旅团长，在内蒙集合三千多个小孩子，说是'长大了会当八路军'，就用轻机枪扫死。"附录中的第二篇文章题名为"我们所亲眼看到的日本军部的野兽面目"，以日本人民解放联盟日军暴行调查委员会名义发表，该组织前身是在华日人反战同盟，抗日战争即将取得胜利的最后阶段成立了"日军暴行调查委员会"，收集了大量日军暴行材料，详实地曝光了日军兽行。第三篇题名为"控诉日本军部的滔天罪行"，由上田正雄、佐藤合写，前者隶属日军五十九师团，后者隶属三十二师团，被俘后参加八路军，揭露日军暴行的同时，也控诉了日本军部对日本士兵的迫害，号召中日人民紧密团结起来，打死日本法西斯军部这只"恶狗"。

《控诉敌寇暴行》国内遗存很少，美国哈佛大学哈佛燕京图书馆收藏一册。该书从不同角度记录了日军暴行，特别是在华日人反战组织和个人批露的日军暴行材料，非常具有说服力，许多内容亦能与中方记录相互印证。二次世界大战结束后，日本的战争行为和战争犯罪在东京设置的远东国际军事法庭得到了审判。但是，这次人类历史上最大、历时最长的国际审判对日本的战争犯罪和军国主义的清算并不彻底。例如，日本方面军司令官和日本在中国派遣军总司令官冈村宁次是本书控诉的元凶，战后却因种种原因逃脱审判。书中揭露的日军实施化学战和细菌战的战争暴行在东京审判中也未加以追究。时至今日，仍然有相当部分的日本右翼及保守势力肆意歪曲和否认侵华事实，该书披露的史实无疑是对这些谎言有力的驳斥。

黄镇与他所作的《西行漫画》

黄　霞

国家图书馆古籍馆收藏有一册反映红军长征题材的漫画集《西行漫画》，说起这本书的来历，还有一段鲜为人知的故事呢。

该书作者为黄镇，由上海风雨书屋 1938 年 10 月出版。高 19.5 厘米，宽 13.4 厘米。书中收入作者有关红军二万五千里长征的速写 25 幅，成为长征中仅有的形象史料和珍贵的艺术品。

黄镇（1909—1989），安徽桐城人，外交家、画家。1909 年生于安庆桐城县东乡（现安庆枞阳县横埠镇）的一个农民家庭。20 年代初期受"五四运动"进步思潮影响，追求进步。1925 年，黄镇先后入上海美术专科学校、上海新华艺术大学学画。毕业后，在浮山公学（现安徽省浮山中学）任美术教员，后因支持进步学生而被解职。1930 年到冯玉祥部队当兵，军衔中尉参谋。1931 年 12 月，参加了著名的宁都暴动，加入中国工农红军，翌年加入中国共产党。1934 年为了庆祝中华苏维埃第二次全国代表大会的召开，黄镇创作了巨幅油

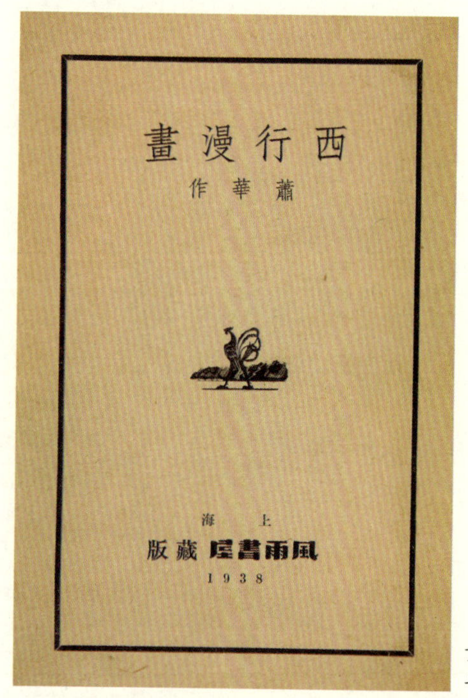

黄镇《西行漫画》封面，1938年10月上海风雨书屋版

漆画《粉碎敌人的围剿》，受到毛泽东和与会代表的称赞。1934年随军开始长征。他在长征中创作的独幕话剧《破草鞋》深受士兵喜爱，创作的《打骑兵歌》在红军中广为流传。抗日战争时期，他和刘伯承、邓小平等老一辈无产阶级革命家一起，浴血奋战，参与创建了晋冀鲁豫边区革命根据地。1943年5月，黄镇建立太行军区的第七、第八军分区。1943年担任太行军区副政委兼政治部主任，指挥道清战役等局部反攻作战，从日伪军手中收复大片国土。1946年国共和谈期间，他任军调部执行小组少将衔首席谈判代表，与国民党反动派进行了针锋相对的斗争。解放战争开始后，他率领晋冀鲁豫野战军第9纵队进入伏牛山区，策应刘邓大军挺进大别山，为实现解放全中国的战略部署作出了重大贡献。1948年7月，黄镇调到河北省石家庄西柏坡军委政治部任总政研究室副主任、第一研究室主任，主持设计了中国人民解放军军旗，起草了许多条例，为我军政治工作的发展做了基础性工作。新中国成立后，他历任中国驻法国大使、外交部副部长、文化部

部长、中央顾问委员会委员。1989 年 12 月 10 日逝世，安葬在他生前战斗过的原 129 师司令部驻地河北省邯郸市涉县将军岭。

红军长征途中，黄镇担任中央军委直属队政治部宣传科科长，承担着繁重的宣传任务，但沿途火热的战斗生活、独特的民间风情，促使这位曾就读于上海美专的艺术家抽空写生，创作了大量感人至深、鼓舞士气的写生画和漫画，这些画作多用各种各样、大小不等随手拾来的杂色纸所作。画作真实地记录了红军的长征足迹，表现了红军艰苦转战和革命的乐观主义精神，以及川贵地区兄弟民族困苦生活的场景。其中《夜行军中的老英雄》，展现的是林伯渠用马灯为大家照亮夜路的情景；《泸定桥》，反映红军勇士冒着敌人火力攀缘铁索；《磨青稞》《烤饼》，描绘了战友过草地前准备干粮的画面。他的画作原有数百幅，但因部队行军和流动不定，大多散失。萧华后来收集到其中的 25 幅。1938 年，萧华将这些画作带到上海交给钱杏邨（阿英），并由阿英等人创办的进步出版机构“风雨书屋”出版。阿英在出版时将作者误为“萧华”。

《西行漫画》插图——草地行军

1938 年 10 月,《西行漫画》正式出版。该书初版精印 2000 册，很快销售一空，在社会上产生了极大的影响。关于该书名为“西行漫画”的原因，阿英后来回忆说是受了埃德加·斯诺《西行漫记》书名的启发，因为当时的环境不宜直接用“二万五千里长征”的字样。

1958 年,《西行漫画》由人民美术出版社重印 3000 册。直到 1961 年，人们才终于弄清了该书的真正作者是黄镇。1962 年，为纪念毛泽东《在延安文艺座谈会上的讲话》发表 20 周年、纪念中国人民解放军建军 35 周年，人民美术出版社再次精印这部画册，并改用《长征画集》的题名。

革命音乐期刊《益友歌丛》

黄　霞

2013年，国家图书馆古籍馆从某私人藏家手中购得解放战争时期上海出版的革命进步期刊《益友歌丛》，共16期15册（第1卷12期；第2卷4期，其中1、2期为合刊）。该刊1946年11月10日创刊，第2卷第4期1948年7月31日出版。油印本，16开。由歌咏股学术组编选，益友社歌咏股出版，编辑部地址在上海白克路永年里六十三号。

该刊的特点之一，是每一期都有一个子标题，系用该期登载的一首歌曲名称为之。读者对象以青年学生和音乐爱好者为主。所登载的作品，既有新作品，也有知名作曲家的著名作品。如安波作曲反映延安大生产运动的名曲《兄妹开荒》，冼星海作曲的《新年大合唱》，田汉词、贺绿汀曲反映抗战内容的《胜利进行曲》等。刊物还收入了一些蒙古、绥远、新疆、青海等地的民歌，其中有人们耳熟能详的维吾尔族民歌《马车夫之歌》《青春舞曲》《掀起你的盖头来》，青海民歌《半个月亮爬上来》《在那遥远的地方》等。

除了登载中国的音乐作品，该刊也登载一些外国音乐家的著名作品。此外，还在“荐

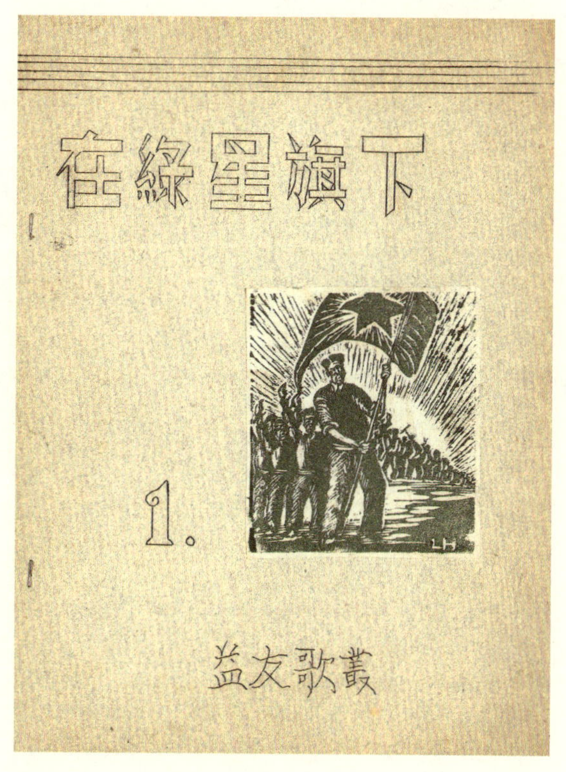

《益友歌丛》创刊号

头店”栏目介绍登载的作品，在“播音台”栏目中介绍刊物近况、音乐动态、作曲家概况以及音乐知识的普及介绍等。为纪念中国现代两位伟大的作曲家冼星海和聂耳，该刊还分别出版过两期专辑：第 1 卷第 10 期《怒吼吧，黄河！——冼星海纪念歌》，第 2 卷第 4 期《聂耳，叫我们怎能忘记你！》。

该刊编辑出版的时候，正是解放战争处于白热化的阶段，该刊的编辑们通过作品，表达了他们对内战、对国民党独裁统治的极端厌恶和对和平的热切渴望。如马凡陀词、嘉嘉曲的《他们不要瞎子去当兵》，歌曲记述了一个贫苦的母亲，为阻止儿子被国民党军队抓壮丁打内战，在儿子即将离家的前夜，用钢针亲手将儿子的双眼刺瞎。作品系根据真实的故事写成。歌词写道：“大雪落纷纷，河里结了冰，打完国仗又打自己人。抽丁抽不到有钱人，抽到我孩儿二十零啊！叫天天不应，叫地地不灵，求人人无情，眼泪哭干怕天明，天明我孩儿要起程啊！趁我孩儿睡，四邻没人声，我的孩儿啊，莫怪你娘太心狠，莫怪你娘太心狠啊！拿起了钢针，钢针儿两根，刺进我孩儿的眼睛！一声惨叫鲜血喷！孩儿啊，他们不要瞎子去当兵！”又如《百姓为它命送掉》《我们不向暴君们低头》《自由颂》《新的进行曲》《滚你妈的万元钞》《东方的暴君》《中华民国万税歌》等作品，均旗帜鲜明地反映了刊物编辑的政治倾向。

第 2 卷第 1、2 期合刊登载的《野战兵团》合唱曲谱，由谷风词、亚威曲，歌曲表现了人民解放军对敌作战的英勇顽强和战胜敌人的必胜信心。歌词写道：“野战兵团，驰骋在江淮的平原上，从高邮湖滨到扬子江岸，从运盐河畔到到范公堤场，风驰电掣所向无敌，解放了广大的城市和乡村。野战兵团，野战兵团，驰骋在江淮的平原上。野战兵团，驰骋在江淮的平原上，是人民子弟，为人民战斗，坚守着阵地守望着江淮，一声□□□□（注：此处原文字迹不清）向前，不将敌人歼灭守死也不退后。野战兵团，野战兵团，驰骋在江淮的平原上。”

值得一提的是，该刊前 3 期的封面，均粘贴有原拓木刻版画。第 1 期的版画为《绿星旗》，第 2 期版画是《向着祖国遥望》，第 3 期《万象更新》。其中第 1 期的版画画着一队行走的队伍，走在最前面的人高举着画有一颗大大的绿色五角星的旗帜，这正扣了本期的主题“在绿星旗下”。该期登载的第一首作品即为《在绿星旗下》，作品由现代著名诗人、文学评论家光未然作词，现代音乐作曲家张曙作曲。这首歌曲是 1937 年为纪念世界语 50 周年而创作的。“绿星”是世界语的标志，它也用在世界语的旗帜上。绿色代表希望，而五角星则代表五大洲。歌词写道：“为什么全球不能成一家？为什么人间纠纷乱如麻？为什么同是大地的儿女，却说着彼此听不懂的话？为什么同是大地的儿女，却打着永远打不完的架……在绿星的旗帜下，沟通全世界被压迫者的心声；在绿星的旗帜下，团结全世界受难的人群；在绿星的旗帜下，进行那追求自由和平的斗争。”歌词表现了作者希望世界和平、各民族自由平等亲如一家的良好愿望。